Layout: www.grafikzumglueck.ch

Richard Bisig

Die Getriebenen

Charakterprofile ökologisch Engagierter

© 2020 Richard Bisig - richard.bisig@bluewin.ch

Herstellung und Verlag: BoD – Books on Demand, Norderstedt.

Umschlagbild: Claudine Fehr (www.grafikzumglueck.ch)

Printed in Germany

ISBN 9783752854510

Den ökologisch Engagierten gewidmet

Vorwort zur 2. Auflage

Hinweisen der Leserschaft auf eine fehlende Zusammenfassung
der Charaktereigenschaften der beschriebenen Personen habe ich
gerne Rechnung getragen und ein entsprechendes Schlusskapitel
angefügt.

Einleitung

Corina Bernegger recherchiert im Jahr 2068 für Ihre Masterarbeit als Psychologiestudentin die Entstehung der ökologischen Bewegungen und beschreibt die Gemeinsamkeiten und Unterschiede der verschiedenen Charaktere der Direktbeteiligten. Eine der Grundlagen dafür basiert auf der Arbeit ihres im Jahr 2025 verstorbenen Urgrossvaters Rudolf Bernegger. Ihr Vater, Alan Bernegger, hatte nach dem Tod seines Grossvaters dessen unvollendete Arbeiten zu diesem Thema – Biografien von ökologisch Engagierten, Notizen und erste Texte - in seinen Besitz übernommen. Erst auf die Frage seiner Tochter ist ihm die jahrelang in seinem Estrich gelagerte Arbeit in den Sinn gekommen. Für Corina bilden diese Unterlagen eine Basis für Ihre Abschlussarbeit. Kernfragen dieser Arbeit sind: Was zeichnen ökologisch orientierte politische Pioniere aus? Was sind die familiären Hintergründe dieser charakterisierten Personen? Was treibt Naturschützer an? Was für Charaktereigenschaften weisen Umweltorientierte oder Extremisten in der Ökologiebewegung aus?

Die wichtigsten Personen

Die nachfolgend aufgeführten Personen mit Jahreszahlen in Klammern haben real existiert, während die übrigen Personen fiktiv sind.

Akeret Erwin (1915-1987)
Journalist, Verleger, ‚grüner' BGB-Nationalrat.

Bernegger Corina
Studierte Politikwissenschaft und in einem Zweitstudium Psychologie; geboren 2040. Sie ist die Tochter von Alan Bernegger und Ramona Bernegger ist ihre Grossmutter.

Bernegger Alan
Vater von Corina und Sohn von Ramona Bernegger und Mike Samuelson (Engländer); geboren 2010. Alan ist bilingue aufgewachsen und studierte internationales Recht. Dank seinen Rechtskenntnissen und seiner Zweisprachigkeit wurde er Chefunterhändler der englisch/walisischen Regierung mit dem Ziel eines Wiedereintritts in die EU. Nach den erfolgreichen Verhandlungen und dem Wiedereintritt von England/Wales im Jahr 2055 wurde er EU-Botschafter von England/Wales (Schottland ist eigenständiger Staat und schon seit vielen Jahren wieder EU-Mitglied; dito Nordirland, das sich mit Irland vereinigte).

Bernegger Rudolf
Vater von Ramona und Roland, Grossvater von Alan und Urgrossvater von Corina. Er verstarb im Jahre 2025 als 78-Järiger mit seinem Elektrofahrrad, weil ihn ein 82-jähriger Autofahrer bei der Einmündung auf einen Radweg übersah. Nach seiner Pensi-

onierung schrieb er diverse Romane und recherchierte über ökologische Bewegungen. Sein Unfalltod vereitelte die Finalisierung seines nächsten Buchprojekts.

Bernegger Roland
Sohn von Rudolf Bernegger und Götti von Alan Bernegger. Mitbegründer der Bioplastik-Firma ‚CH-Bioplastik AG'.

Camenisch Marco (1952 - ?)
Verurteilter Öko-Terrorist.

Coaz Johann Wilhelm Fortunat (1822-1918)
Begründer der modernen Forstwirtschaft.

Eberli Michael
Vorsitzender der Arbeitsgruppe ‚Langsamverkehr Vorderdorfstrasse' der Gemeinde Dorfkirchen.

Geering Samuel
Götti von Roland Bernegger und SVP-Kantonalpolitiker.

Hamilton Jacob
Jugend- und Studienfreund von Alan Bernegger. Entstammt einer alteingesessenen englischen Handelsfamilie und ist Mitglied der Liberalen Partei Englands.

Hedinger Heidi
Wuchs mit drei Brüdern in einem bürgerlich orientierten Haushalt auf, ist Mitglied der FDP und engagiert sich als Studentin im Abstimmungskampf um die Beschaffung neuer Kampf-Jets.

Holenstein Max
Stadtparlamentarier mit einem ausgeprägten Gerechtigkeitssinn. Stammt aus einer Politikerfamilie, die ihrem obersten Credo eines uneigennützigen Einsatzes für die Öffentlichkeit nachlebt.

Huwyler Anita
Vertreterin der Grünen im kantonalen Parlament mit einem eigenwilligen Charakter.

Kübler Lukas
Präsident des Vereins ‚Alternative Politik - Jetzt (APJ)'

Meierhofer Walter
Grossrat der Grünen Partei im kantonalen Parlament und Sprecher von deren Dreier-Vertretung während der Debatte über das Waldsterben. Beruflich ist er ausgebildeter Ökonom und führt zusammen mit einem Studienkolleg eine KMU für IT-Beratungen.

Muir John (1838-1914)
Gilt in den USA als ‚Vater des Naturschutzes' und hat schottische Wurzeln.

Robert Leni (1936 -?)
FDP-Mitglied, Mitbegründerin der ‚Freien Liste' im Kanton Bern und erste grüne Regierungsrätin der Schweiz.

Sedleger Katharina
Gymnasiastin. Marschiert an vorderster Front von Extinction Rebellion.

Schlegel Karl
Notar im Bezirkshauptort Dorfkirchen und dortiger Gemeinderat. Als Grüner wurde er in einem intensiven, sehr emotionalen Wahlkampf in die Exekutive gewählt.

Vornrüti Marlies
Nachbarin von Karl Schlegel. Initiantin der Einzelinitiative ‚Verkehrsberuhigung Dorfkirchen'.

Winiger Egon
Gemeindepräsident von Dorfkirchen.

Der politische Pionier

„Gooooolll!". Obwohl nur wenige Zuschauer anwesend sind, schallt der Jubel der wenigen Supporterinnen und Supporter des FC Grossrat weit herum. Walti Meierhofer, stämmig, dunkelblond und hundertachtzig Zentimeter gross, war in seinen jungen Jahren ein Erstligaspieler. Gerade hat sein zweites Tor erzielt. Dieses Mal war es ein prächtiges Kopfballtor in die lange hohe Ecke. Obwohl er über keine ausgeprägte Grundschnelligkeit verfügt, kurvte er elegant um den gegnerischen Verteidiger herum und erzielte mit einem perfekten Timing dieses Klassetor. Das jährliche Fussballtreffen der Vertreter der Kantonslegislative mit dem Team des Parlaments der Kantonshauptstadt scheint dieses Mal mit einem Sieg der Grossräte zu enden. Tatsächlich konnten die Städter den Zwei-Tore-Rückstand in den restlichen zwanzig Minuten nicht mehr aufholen. Über alle politischen Differenzen haben die Grossräte ein gutes Zusammenspiel gezeigt und verdient gewonnen. Beim anschliessenden gemeinsamen Nachtessen erntet Walti für seine zwei Goals allseits Schulterklopfen – auch von Fussballkollegen der gegnerischen Mannschaft. Dessen Kapitän frotzelt mit Blick auf den Torschützen: „Das nächste Jahr bringen wir dann auch einen ‚Profi-Fussballer‘ und ihr werdet jämmerlich eingehen!"

So locker solche Sprüche sind und die politischen Differenzen als zweitrangig erscheinen lassen, so unbestritten ist gerade in diesen Zeiten des sogenannten Waldsterbens die hohe Emotionalität, die trotz gemeinsamem Sport allseits präsent ist. Anlässlich der letzten Grossratssitzung wurde der Sprecher der kleinen, erstmals gewählten Vertretung der Grünen Partei, bestehend aus zwei Männern und einer Frau, die bei den Wahlen vor drei Monaten ins kantonale Parlament einzogen, ausgepfiffen. Ein Umstand, der sogar den bürgerlichen Ratsvorsitzenden zwang, seine Kollegen zur Ordnung zu rufen.

Grund dieser Empörung war das Votum von Walter Meierhofer als Sprecher der Grünen, der die serbelnden Wälder und den grassierenden Borkenkäfer zum Anlass nahm, als Quintessenz seines Votums einen Verzicht auf den Christbaum in den Stuben der Bevölkerung während den nahenden Weihnachtstage ans Herz zu legen. Auch wenn damals im Spätherbst 1983 die genauen Ursachen für die Vitalitätsverluste des Waldes unklar waren, wurden Meierhofers Einschätzung und seine Forderung nach besserer Luftqualität gar nicht gehört oder man wollte davon gar nichts hören. Die wutschnaubende Ratsrechte bezichtigte die Grünen, Weltuntergangsstimmung und Hysterie zu verbreiten. Vertreter der bürgerlichen Parteien hatten das Votum missverstanden und der Hinweis, auf das Weihnachtsbäumchen zu verzichten, mit ,Hysterie' quittiert. Dass der Verzicht auf das Schlagen der Weihnachtsbäume überhaupt keinen Beitrag gegen das Waldsterben leisten konnte, war auch den Grünen klar. Die Begründung jedoch, auf etwas Etabliertes zu verzichten und dies als Anlass zu nehmen, im Kreise der Familie darüber zu diskutieren, dass offensichtlich in unserem Umfeld etwas aus dem Gleichgewicht geraten sei, haben sie gar nicht gehört – nicht hören wollen.

Auch wenn die Waldsterbensdebatte noch allseits präsent ist, verabschiedet man sich nach dem gemeinsamen Nachtessen sportlich-kollegial. Niemand ahnt, dass dieses Fussballspiel noch schlimme Konsequenzen zeitigen wird.

Alan Bernegger erzählt seiner Tochter Corina diese Geschichte, die er aus den schriftlichen Hinterlassenschaften seines Grossvaters herausliest. Seine Mutter hatte ihn seinerzeit gebeten, den unvollendeten Roman ihres Vaters zur Aufbewahrung zu übernehmen. Zu welchem Zweck konnte sie auch nicht sagen und hatte ergänzt, es sei schade, diese Arbeiten Ihres Vaters einfach wegzuwerfen. Alan wollte sich dem Wunsch seiner Mutter nicht widersetzen und archivierte die Skripte und Dokumente in einer Holztrue in seinem Untergeschoss. Über Jahre versperrten sie ihm einen Teil seines nicht allzu grossen Kellers. Aber aus Respekt vor seiner Mutter - und auch vor seinem Grossvater und ganz speziell seiner Grossmutter, mit denen er insbesondere während seiner Vorschulzeit unzählige Tage verbrachte -, wollte er diese Schachtel aufbewahren. Die Idee seiner Tochter, eine Masterarbeit über die Charakterprofile einzelner Exponenten und Exponentinnen mit ökologischer Gesinnung darzustellen, unterstützte er. Mit einer solchen Zielsetzung, verbunden auch mit einem zeitlichen Engagement seinerseits, wurde es ganz unverhofft möglich, den alten Dokumenten seines Grossvaters einen späten Sinn zu geben.

„Ich danke dir Dad, dass du mir bei meiner Masterarbeit hilfst, Grundlagen darzustellen auf denen ich aufbauen kann. Da du wenig Zeit hast, weil du ja sehr häufig zwischen London und Berlin hin- und herreist, schätze ich deine Unterstützung umso mehr."

Gestützt auf die archivierten Aufzeichnungen setzt Alan die begonnene Geschichte fort.

„Ruf schnell die Nummer 117!" Die Stimme von Meierhofers Frau Anna vibriert. Mitten in der Nacht wurde sie durch einen grellen Schrei des neben ihr liegenden Ehemanns aufgeschreckt. Zuerst dachte sie, sie träume, aber der sich verkrampfende Körper zeigte ihr unmissverständlich die dramatische Situation. Durch das Schreien des Vaters wurden auch die drei Kinder aufgeschreckt und stürmten ins elterliche Schlafzimmer. Bewusstlos und den Mund zugekniffen lag ihr Vater, schweissgebadet, leicht vibrierend und nicht ansprechbar in seinem Bett. Innerhalb einer halben Stunde traf die Ambulanz ein und Anna begleitete den Transport neben ihrem Mann sitzend und hielt die Hände des sich sichtlich beruhigenden Patienten.

Der Arztbericht zeigte einen sogenannten ,Grand Mal', einen epileptischen Anfall. Die Diagnose mit einem Computertomographen zeitigte eine kleine Blutung in der linken Schädelseite. Anschliessende neurologische Untersuchungen wiesen auf motorische Ausfälle hin. Nach einem kurzen stationären Spitalaufenthalt wurde Walter Meierhofer entlassen mit der Auflage, der Arbeit für 3 Monate fernzubleiben, sich zu schonen, auf jeglichen Alkohol zu verzichten und während den nächsten zwei Jahren ein Medikament einzunehmen, das eine Stärkung der Gefäßmuskulatur bewirkt und die Blutzirkulation verbessert.

Walter Meierhofer kann sich an diese Nacht nicht mehr erinnern. Auch der Transport ins Spital und die direkt anschliessende dortige Befragung durch den diensthabenden Arzt sind nicht in seinem Gedächtnis verblieben. Konsterniert muss er zur Kenntnis nehmen, dass er einen Epi-Anfall hatte. Die Ursache kann er nur in Zusammenhang bringen mit seinem Kopfballtor. Es war sehr heiss an diesem Sommernachmittag. Hat der Kopfball-Schlag ein Blutgefäss in seinem Kopf zum Platzen gebracht?

Anschliessende neurologische Untersuchungen über einen Zeitraum von drei Monaten zeigten glücklicherweise sukzessive ein Wiedereinstellen der bisherigen motorischen und kognitiven Fähigkeiten. Die Erfahrungen bei Hirnblutungen lassen sich vereinfacht in folgendes Resultatmuster zusammenfassen: ein Drittel der Patienten stirbt sofort. Bei einem weiteren Drittel müssen bleibende Schäden wie Hemiplegie (Halbseitenlähmung), andere motorische Beeinträchtigungen und geringere kognitive Leistungsfähigkeiten akzeptiert werden. Das letzte Drittel – die Glücklichen - kommt ohne Schaden davon.

Im Laufe der folgenden Monate und Jahre ist er als Firmeninhaber und als IT-Spezialist voll leistungsfähig. Dies wird ihm allseits auch bestätigt. Seine körperliche Fitness und sein Wille, wieder vollständig gesund zu werden, haben sicherlich zu dieser Erholung beigetragen. Seine Familie hat sich wieder an sein Normalverhalten gewöhnt, seine Arbeitskolleginnen und Kollegen attestieren ihm volle Leistungsfähigkeit und Aussenstehende, die von seiner erlittenen Hirnblutung nichts wussten, wären nie auf den Gedanken eines solchen Ereignisses gekommen.

Wenn er aber zu sich ehrlich ist, dann muss er sich eingestehen, dass es - sehr selten – unkontrollierte Unbeherrschtheit seinerseits gegeben hatte. Dies bei Meinungsverschiedenheiten mit seiner Frau, vor allem wenn er sich seiner Meinung nach ungerechtfertigt angegriffen oder kritisiert fühlte. Im Betriebsleben kann er sich nur an einen Fall mit einer Sekretärin erinnern, als er urplötzlich sehr heftig-kritisch bei einer Terminkollision reagierte. Da er dieses Extremverhalten vor der Hirnblutung nicht kannte, führt er seine Reaktion nach eingehender Selbstanalyse auf diesen Krankheitsfall zurück. Anlässlich der mit seiner Frau Anna gelegentlich engagierten Diskussionen über verschiedene Themen fiel ihr aber offensichtlich nicht auf, dass ihr Mann nach der Hirnblutung im Streitfall heftiger reagierte als vor diesem Krankheitsfall. Dies kann einerseits so interpretiert werden, dass Streitereien selten waren und anderseits, dass sich die ‚Amplitude' der verbalen Auseinandersetzungen in der Wahrnehmung von Anna nicht veränderte. Walters Einschätzung ist aber eine andere, sensiblere. Er weiss jeweils im Nachhinein, dass er zu heftig reagiert hatte – und er führt sein impulsiveres Verhalten und die im konkreten Fall mangelnde Frustrationstoleranz auf die Hirnblutung zurück. Er ist sich im Nachhinein bewusst, dass er die Kontrolle verloren hatte und ausgerastet war. Ein weiteres Element spielt seiner Meinung nach ebenfalls eine Rolle, ist aber nicht auf die

Hirnblutung zurückzuführen: Mit dem Älterwerden hat er festgestellt, dass er bei Kritik empfindlicher reagiert. Dieses Verhaltensmuster gilt seiner Meinung nach nicht nur für ihn, sondern auch bei anderen Menschen über sechzig stellt er des Öfteren solche Empfindlichkeiten fest.

Walter ist sich bewusst, dass die ,Theorie', ein Drittel der Patienten mit einer Hirnblutung komme ohne jeglichen Schaden davon, nicht stimmt. Dass sein Umfeld dies offensichtlich nicht so erlebt, ist auf seine Disziplin zurückzuführen. Er weiss um diese Schwäche und versucht, sie ,eisern' im Griff zu halten. Dies gelingt ihm sehr häufig, aber es gibt halt doch immer wieder Fälle, in denen die unkontrollierte, spontane Impulsivität durchschlägt.

„Was kannst du nun mit Meierhofers Geschichte anfangen, Corina, zu was dient sie dir?"

Für Corina ist ihre Aufgabenstellung klar. „Ich habe mich während meines Psychologiestudiums im Speziellen mit den verschiedenen Menschentypen befasst. Da mein Urgrossvater verschiedene Menschen mit ausgeprägtem gesellschaftlichem und ökologischem Bewusstsein beschrieben hat, werde ich in meiner Masterarbeit versuchen, diese Menschen typologisch einzuordnen."

Leicht ungeduldig schaut Alan Bernegger auf die Uhr. „Nach dem Eintritt von England und Wales in die EU im Jahr 2065 sind wir nun nach drei Jahren Verhandlungen soweit, auch die Umweltrichtlinien der EU in Detailverträgen in England/Wales einzuführen. Ich muss in drei Stunden nach Berlin fliegen......". Er kommt ins Stocken, sinniert vor sich hin und um seine Mundwinkel bildet sich ein Lächeln, das sich langsam zu einem breiten Grinsen entwickelt. „Corina, jetzt bin ich spontan auf die Idee gekommen, dass du meinen Studienfreund, Jacob Hamilton, in deine Masterarbeit aufnehmen könntest."

Corina horcht auf, aber ihr Vater hat keine Zeit näher auf sie einzugehen. „Lass uns zu einem späteren Zeitpunkt darüber reden. Mach dir Gedanken, ob eine solche Person auch Platz haben könnte in deiner Arbeit." Und mit einem knappen Abschiedskuss ist er weg.

Für Corina ist die Sache sofort klar: Sie ist interessiert an möglichst vielen praktischen Personenbeispielen. Als engagierte Feministin wäre sie jedoch eher an Frauenbeispielen interessiert gewesen. Sie kennt Jacob auch und der Hinweis ihres Vaters weckt ihre Neugier, diesen für Ihren Vater wichtigen Menschen aus einer für sie bis anhin unbekannten Optik näher zu kommen.

Eine ihrer Vorbereitung auf die Gespräche mit ihrem Vater war die ausformulierte Zusammenfassung der Theorie der Typologie. Nach der Beschäftigung mit der Theorie der menschlichen Typen und deren Geschichte hat sie sich entschlossen, ihre Masterarbeit auf die Basis des Big-Five-Modells zu stellen, um die Charakter der von ihr dargestellten Personen zu beschreiben. Der Entschied für dieses Modell ist ihr nicht schwer gefallen, denn in der Wissenschaft gilt dieses Modell aktuell als ‚State of the art'.

Wesentliche Elemente dieses Modells sind:

A) **Offenheit**

Dieses Merkmal trifft zu auf Personen, die zu neuen Erfahrungen bereit sind. Sie sind auch neugierig, fantasievoll und erfinderisch. Sie suchen Aufregung und Abwechslung. Gegenteilig verhalten sich Menschen, bei denen Offenheit wenig ausgeprägt ist, sie sind eher einseitig interessiert, setzen auf Bewährtes, sind vorsichtig, eher bodenständig und möchten an den gegenwärtigen Zuständen nichts ändern.

B) **Gewissenhaftigkeit**

Leute mit einer hohen Gewissenhaftigkeit sind ehrgeizig, strebsam, gut organisiert, sind zuverlässig, arbeiten strukturiert, planen, verfügen über Disziplin und Durchhaltevermögen. Die Gegenwerte sind: um Verantwortung drückt man sich, pfuscht eher, ist sorglos, unvorsichtig, nachlässig, eher vergesslich, leichtsinnig und sprunghaft.

C) **Extraversion**

Extravertierte suchen Kontakt zu anderen, sind gesprächig, energisch, können begeistern und sind aktiv. Sie lieben Spaß, handeln spontan und zeigen eine gute Durchsetzungskraft. Introvertierte neigen dazu, sich zurückzuziehen, sind eher ruhig, sind gern allein und arbeiten am liebsten unabhängig. Sie sind eher schweigsam, oft mit sich selbst beschäftigt und wirken oft reserviert.

D) **Verträglichkeit**

Verträgliche Menschen gelten als teamfähig, freundlich, kooperativ, warmherzig, mitfühlend, hilfsbereit, großzügig, harmoniebedürftig. Im Gegensatz dazu gelten Personen als misstrauisch, schroff, kalt, aggressiv und streitsüchtig.

E) **Neurotizismus**

Dieser Begriff charakterisiert die emotionale Stabilität und wie mit negativen Erlebnissen umgegangen wird. Ist dieser Faktor stark ausgeprägt, handelt es sich um ängstliche, nervöse, labile Personen, die sich zudem oft Sorgen machen, schnell gekränkt sind, Schuldgefühle haben und sich gern selbst bemitleiden. Im Gegensatz dazu sind wenig neurotische Personen in ihrer Wesensart ruhig, entspannt, selbstsicher, emotional stabil, zufrieden und ungezwungen.

Grafisch lässt sich dieses Modell wie folgt darstellen:

vielseitig interessiert liebt Ungewöhnliches denkt in Alternativen	Offenheit 1 2 3 4 5 6	wenig offen für Neues achtet das Bewährte schätzt Konventionen
zuverlässig, strukturiert zielstrebig, pflichtbewusst selbstdiszipliniert	Gewissenhaftigkeit 1 2 3 4 5 6	unvorsichtig, sprunghaft unachtsam gegenüber Menschen und Dingen
gesellig, aktiv, liebt Spass zeigt positive Emotionen denkt spontan, redet viel	Extraversion 1 2 3 4 5 6	zurückhaltentend, ruhig, ernst in sich gekehrt eher schüchtern
kooperativ, gutmütig umgänglich, mitfühlend Harmonie bedacht	Verträglichkeit 1 2 3 4 5 6	wettbewerbsorientiert aggressiv, rau im Ton, stur hart, feindselig
besorgt, angespannt sich selbst bemitleidend neigt zu Ängsten/Depressionen	Neurotizismus 1 2 3 4 5 6	zufrieden, entspannt selbstsicher, ungezwungen stressresistent

In diesem Modell gehen die einzelnen Ausprägungen der 5 Elemente von 1 (stark ausgeprägt) bis 6 (schwach ausgeprägt).

Aufgrund der überlieferten Beschreibungen Ihres Urgrossvaters von Walter Meierhofer, den politischen Pionier, erstellt Corina Bernegger sein nachstehendes Persönlichkeits-Profil.

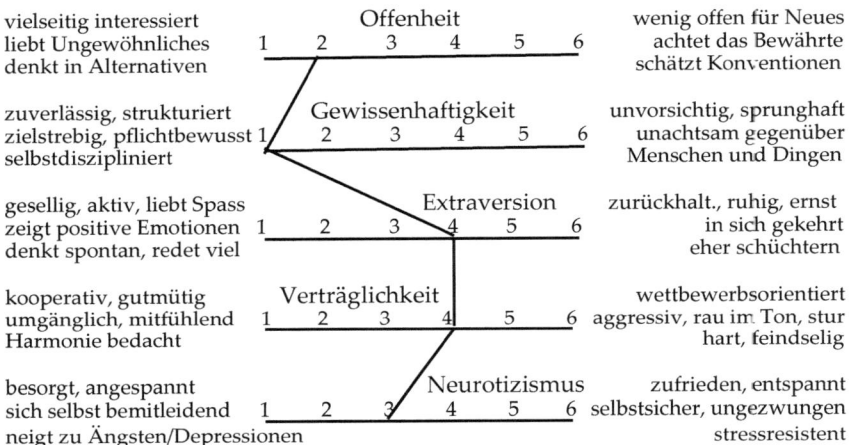

vielseitig interessiert liebt Ungewöhnliches denkt in Alternativen	Offenheit 1 2 3 4 5 6	wenig offen für Neues achtet das Bewährte schätzt Konventionen
zuverlässig, strukturiert zielstrebig, pflichtbewusst selbstdiszipliniert	Gewissenhaftigkeit 1 2 3 4 5 6	unvorsichtig, sprunghaft unachtsam gegenüber Menschen und Dingen
gesellig, aktiv, liebt Spass zeigt positive Emotionen denkt spontan, redet viel	Extraversion 1 2 3 4 5 6	zurückhalt., ruhig, ernst in sich gekehrt eher schüchtern
kooperativ, gutmütig umgänglich, mitfühlend Harmonie bedacht	Verträglichkeit 1 2 3 4 5 6	wettbewerbsorientiert aggressiv, rau im Ton, stur hart, feindselig
besorgt, angespannt sich selbst bemitleidend neigt zu Ängsten/Depressionen	Neurotizismus 1 2 3 4 5 6	zufrieden, entspannt selbstsicher, ungezwungen stressresistent

Die Hartnäckige

Heidi Hedinger wuchs mit drei Brüdern in einen bürgerlich orientierten Haushalt auf. Ihre Mutter war Gemeindepräsidentin und es wurde am Familientisch viel über Politik diskutiert. Es ist deshalb nicht erstaunlich, dass die Kinder als Erwachsene wie ihre Mutter und ihr Vater, der Unternehmer war, Mitglied der FDP wurden. Da der Vater ehemaliger Regimentskommandant war, war es nur folgerichtig, dass die drei Söhne ebenfalls Offiziere wurden. Für Heidi Hedinger waren die Militärgespräche unter den Männern oft zu martialisch, was ihre distanzierte Einstellung zur Armee beeinflusst haben muss. Ihre nicht euphorische Haltung Militärfragen gegenüber mag auch mit ihrem Philosophie-Studium zusammenhängen. Das weite Spektrum von Fragen über die Welt und die menschliche Existenz hat die Leidenschaft der eher introvertierten Heidi angeregt. Ganz besonders angetan hatten es ihr ethische Themen und auch die laufenden Diskussionen über den Klimawandel weckten mehr und mehr ihre Aufmerksamkeit.

Obwohl Heidi Hedinger auch schon in der Mittelschule mit kritischen Meinungen aus dem politisch linken Spektrum konfrontiert wurde, war sie zu jener Zeit innerlich noch zu wenig bereit für politische Streitgespräche. Dies änderte sich an der Universität nach dem Grundstudium. Auf der politischen Agenda stand die Ersatzbeschaffung der Militärflugzeuge im Betrag von sechs Milliarden Franken. Selbstverständlich wurde auch am Familientisch intensiv über dieses Thema diskutiert. Die Haltung der Linken und deren antimilitärische Speerspitze, die Gruppe für eine Schweiz ohne Armee (GSoA), die diese Ersatzbeschaffungen vehement ablehnte, wurde einhellig kritisiert. Die Einseitigkeit der in der Familie gehörten Argumente und die Beeinflussung durch die Kommilitonen und Kommilitoninnen bewirkten, dass sie in einer Studenten-Arbeitsgruppe mitmachte, die sich mit diesem Thema beschäftigte und einen Argumenten-Katalog erstellte. Jedes einzelne Mitglied verpflichte sich, auch öffentlich aufzutreten und die erarbeiteten Argumente zu vertreten.

Heidi Hedinger, eine kleine, schlanke, eher schlaksig wirkende rot-brünette Mitt-Zwanziger, zeichnete sich in dieser Arbeitsgruppe durch ihre ruhige, fundiert argumentierende Art aus. Neben den von den GSOA-Mitgliedern vorgebrachten alt-bekannten Argumenten gegen die Armee, fand ihr Vorschlag, die Luftüberwachung an die NATO zu delegieren, eine breite Zustimmung. Gegenargumente, damit würde die schweizerische Neutralität verletzt und hätte damit überhaupt keine Chance von einer Mehrheit gehört, geschweige denn unterstützt zu werden, konterte sie geschickt.

„Die Neutralität unseres Landes ist sowieso revisionsbedürftig, denn der kalte Krieg ist längstens vorbei und die guten Dienste unserer Diplomaten sollen auch weiterhin weltweit angeboten werden. Die jetzt zur Debatte stehende Anschaffung von Kampfflugzeugen zur Luftverteidigung bietet neben der alternativen Lösung eines Outsourcings auch die Gelegenheit, unsere Neutralität zu überdenken." Heidi Hedinger ist voll in ihrem Element. Sie denkt an die Diskussionen an ihrem Familientisch und die vehemente Ablehnung insbesondere ihrer Brüder, als sie diesen Vorschlag erwähnte. Ihr Vater argumentierte mit der Neutralität und meinte, der Gedanke einer Delegation der Luftüberwachung sei wohl interessant, aber die Neutralität lasse in der Schweiz niemand beschneiden.

Ihr Outsourcing-Lösungsvorschlag hatte sie tags zuvor mit einem Kommilitonen, Beat Kern, der Betriebswirtschaft studierte, vorbesprochen und ihn auf die finanziellen Implikationen angesprochen. Er war von ihrem Vorschlag ebenso überrascht, hatte aber das Potential dieses Arguments schnell erkannt. Er realisierte sofort das finanzielle Doppelpotential: Einerseits konnte Geld gespart werden und anderseits konnte zumindest ein Teil dieses Geldes für ökologische Projekt eingesetzt werde. Auf Heidis Bitte hin, eine betriebswirtschaftlich fundierte Darstellung an der morgigen Sitzung zu präsentierten, hatte er bereitwillig zugesagt.

„Auch vor der Kostenseite her ist Heidis Vorschlag genial. Anstatt sechs Milliarden Franken zu bezahlen, könnte von der Nato eine Offerte verlangt werden. Meine Schätzung geht dahin, dass die Investitionskosten vermieden werden könnten. Der NATO müsste jährlich ein wiederkehrender Aufwand von rund 200 Millionen vergütet werden. Darin enthalten sind selbstverständlich neben den gesamten anteiligen jährlich wiederkehrenden Unterhaltskosten für Luftüberwachung der Schweiz plus die Abschreibungsaufwendungen für die NATO-Kampfflugzeuge." Beat wollte sich näher mit dem Militärbudget befassen, ist aber mit einem Tag Vorlaufzeit nicht dazu gekommen. Deshalb hat er mit einem Kommilitonen, der Offizier ist, diese Schätzung vorgenommen.

Der Vorsitzende der Arbeitsgruppe meint: „Es geht für uns gar nicht darum, Zahlen zu präsentieren, die ja wohl verständlicherweise ja kaum stimmen werden, sondern darum, diese beiden Ideen, Outsourcing der Luftüberwachung und Neudefinition der schweizerischen Neutralität, in der schweizerischen Bevölkerung zu diskutieren."

In der Folge wurde eine Medienmitteilung verfasst und Heidi Hedinger als Kontaktperson angegeben. Die Idee eines Outsourcings der schweizerischen Luftüberwachung und der Neudefinition der schweizerischen Neutralität schlug wie eine Bombe ein. Von totaler Ablehnung bis Begeisterung reichte das Spektrum. Diese Breite des Meinungsspektrums hatte auch zur Folge, dass diverse Fernseh- und Radiosender Heid Hedinger zu Interviews und Gesprächen einluden. Neben den sachlich vorgebrachten Argumenten überraschte sie viele mit ihrem militärischen Vokabular. Dies mag wohl mit ein Grund gewesen sein, dass selbst ihr Vater Gefallen fand an der Vehemenz und der Hartnäckigkeit mit der seine Tochter eine auch für ihn untaugliche Idee vertrat. Sie konnte ihn aber immerhin dafür gewinnen, das Militärbudget anzuschauen und ihr Zahlenschätzungen vorzulegen, die sie in der Öffentlichkeit vertreten konnte. Damit war sie auch zahlenseitig gerüstet, ihre Ideen zu begründen.

Wer erwartet hatte, die kleingewachsene Studentin würde sich von den Argumenten der Gegner und deren oft physischen Korpulenz beindrucken lassen, sah sich eines Besseren belehrt. Es schien, als hätte jeder öffentliche Auftritt und jedes Gegenargument ihre Hartnäckigkeit zusätzlich angestachelt.

Corina Berneggers Ur-Grossvater muss offenbar grossen Gefallen an Heidi Hedinger gehabt haben, denn ihr Vater zeigt ihr nach der Schilderung der vorliegenden Dokumente verschiedene Fotos von Fernsehauftritten von ihr; diese liegen nun rund fünfzig Jahre zurück.

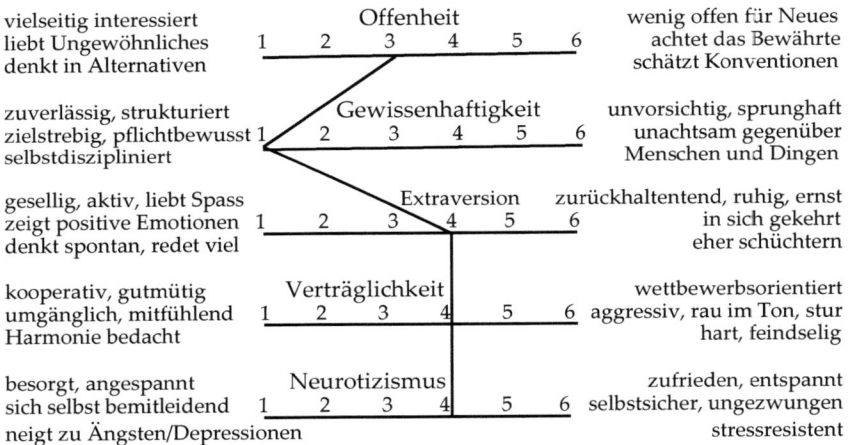

vielseitig interessiert liebt Ungewöhnliches denkt in Alternativen	Offenheit 1 2 3 4 5 6	wenig offen für Neues achtet das Bewährte schätzt Konventionen
zuverlässig, strukturiert zielstrebig, pflichtbewusst selbstdiszipliniert	Gewissenhaftigkeit 1 2 3 4 5 6	unvorsichtig, sprunghaft unachtsam gegenüber Menschen und Dingen
gesellig, aktiv, liebt Spass zeigt positive Emotionen denkt spontan, redet viel	Extraversion 1 2 3 4 5 6	zurückhaltentend, ruhig, ernst in sich gekehrt eher schüchtern
kooperativ, gutmütig umgänglich, mitfühlend Harmonie bedacht	Verträglichkeit 1 2 3 4 5 6	wettbewerbsorientiert aggressiv, rau im Ton, stur hart, feindselig
besorgt, angespannt sich selbst bemitleidend neigt zu Ängsten/Depressionen	Neurotizismus 1 2 3 4 5 6	zufrieden, entspannt selbstsicher, ungezwungen stressresistent

Der Unnachgiebige

„Nehmen Sie bitte Ihre Schuhe von diesem Sitzplatz!" Holensteins Stimme ist alles andere als freundlich. Ja, sie ist aggressiv und auch sein Gesichtsausdruck zeigt überdeutlich sein Ungehalten über die Manier des jungen Bengels. Der Junge, etwa 16-jährig, ist perplex, nimmt wie von einer Tarantel gestochen seine Schuhe vom Sitzplatz und mault: „Das kann man mir aber auch anständig sagen!"

„Danke, dass Sie reagieren, aber das geht doch nicht, dass Sie ihre Flossen hier parkieren und morgen muss ich mich auf diesen dreckigen Sitz hinsetzen." Max Holenstein, offensichtlich mit seinen ergrauten Schläfen ein Vertreter der älteren Generation, ist immer noch aufgebracht, hat sich aber etwas beruhigt. Mindestens monatlich trifft er einen ‚Rücksichtslosen' an. Wenn er mit seiner Frau unterwegs ist, dann hat er es aufgegeben zu reklamieren. Immer wieder muss er von ihr hören, er solle doch still sein, denn er könne diese Welt ja sowieso nicht mehr ändern. Dem Ehefrieden zuliebe beisst er sich dann jeweils auf die Backenzähne. Er hat insofern auf seine Frau gehört, als er sich sehr bemüht, in Tonfall und Mimik gelöster zu sein. Aber ihn ärgeren nicht nur die jungen Bengel, sondern auch die defätistische Haltung seiner Frau.

„Wer soll denn diesen jungen Leuten Anstand im öffentlichen Raum beibringen, wenn nicht wir, die tagtäglich mit dem öV unterwegs sind?", enerviert sich Holenstein. „Ich habe schon mit Chauffeuren über dieses Thema gesprochen."

Noch mehr nervt es ihn, wenn jemand - und dies betrifft nicht nur Junge – zu laut im Zug über Kopfhörer Musik hört. In neun von zehn Fällen reagieren Angesprochene positiv, und schrauben die Lautstärke herunter, teils entschuldigend, manchmal auch murrend. Es gibt aber auch militante Kritisierte. Diese Extremfälle endeten in gegenseitigen verbalen Attacken und dann, wenn Holenstein keine Reaktion in gewünschtem Sinne feststellt, insistiert er und wenn immer noch kein Herunterschrauben der Lautstärke geschieht, hat er schon zu einem der beiden Kopfhörer gegriffen. In zwei Fällen kam es gar zu einer Rauferei und einer Verzeigung. Holenstein hatte einem laut Musik hörenden, ungefähr 18-Jährigen, dessen Handy aus der Hand genommen und nach einer kurzen Rauferei gab er ihm das Telefon zurück. Im anderen, gravierenderen Fall kam es zu einer veritablen Prügelei zwischen ihm und einer jungen Frau, die ihn sogleich beschimpfte, als er sie – zwischenzeitlich angepasst in seinem Verhalten – mehr oder weniger höflich bat, doch ein bisschen leiser zu stellen, denn er sei am Zeitungslesen und ihre zu laute Rap-

Musik störe. Das freche Aufbegehren liess er sich nicht gefallen – war es allenfalls auch altersbedingte Kritikempfindlichkeit? -, und packte das Smartphone der jungen Frau. Diese ihrerseits wehrte sich und entriss ihm ihr Gerät und - schlug es ihm mitten ins Gesicht. Resultat: blutende Stirn und wütender Holenstein. Da zwischenzeitlich der Zug an der Haltestelle angekommen war und die junge Dame aussteigen wollte, versuchte Max Holenstein dies zu verhindern, indem er sie am Arm packte und ihr ins Gesicht schreit: „Wir gehen zusammen zur Polizei!"

„Ich habe die Polizei bereits alarmiert", schreit eine erschütterte ältere Dame. „Sowas habe ich ja meiner Lebtage nicht gesehen. Da prügeln sich eine junge Frau und ein älterer Herr öffentlich im Zug. Da muss doch sofort die Polizei her!".

„Ich danke ihnen", sagt der sichtlich mitgenommene und blutende Holenstein.

In der Zwischenzeit hatte sich die junge, rabiate Frau losgerissen und rannte die Bahnhoftreppe hinunter. Als sie auf der anderen Seite die Rolltreppe hoch eilt, läuft sie geradewegs in die Arme der dort stehenden Polizistin.

„Ich will Anzeige machen", fordert der atemlose, die Rolltreppe hinterher keuchende, bleiche Max Holenstein, und bittet – ausser Atem - die Polizistin, die Personalien der jungen Frau aufzunehmen.

In der Folge machte Max Holenstein seine Drohung war und zeigte seine Widersacherin wegen Körperverletzung an. Rund zwei Wochen später wurde er auf den Polizeiposten bestellt und er musste erfahren, dass auch seine Widersacherin ihn wegen Tätlichkeit angezeigt hatte und er deshalb nun befragt werde. Vor dem zuständigen Staatsanwalt waren dann beide Kontrahenten bereit, die Anklagen zurückzuziehen. Holenstein hatte sein primäres Ziel erreicht, nämlich die polizeiliche Registrierung dieser rabiaten Frau, denn er war der Überzeugung, es werde nicht das letzte Mal sein, dass diese Person wegen ihrem rücksichtlosen Verhalten im öffentlichen Raum weiterhin Probleme bekommen würde.

Es gibt noch ein anderes Intermezzo, das nicht mit einer polizeilichen Einvernahme endet, aber familiäre Konsequenzen zeitigen sollte. Als Max Holenstein mit seiner Frau und der Ehefrau ihres Bruders im Postauto in einem Bündner Nobelkurort unterwegs sind, muss er notgedrungen neben einer ungefähr 16-Jährigen Platz nehmen, die Ohrstöpsel trägt. In sich versunken und mit den Füssen wippend, geniesst sie offensichtlich ihre - zu laute – Musik. Er bittet sie, wirklich höflich, ein bisschen leiser zu stellen. Entgeistert starrt ihn die Junge an und drescht auf ihn verbal ein. Dabei fällt auch des Wort ‚Alter Sack', was Holenstein seinerseits in Rage bringt. Das laute Hin- und Her zwischen den beiden Sitznachbarn führt zum Kopfherumdrehen der vor ihnen Sitzenden. Holensteins Begleiterinnen ermahnen ihn, das Mädchen doch in Ruhe zu lassen, was diesen wiederum veranlasst, sich zu rechtfertigen und sich nicht als ‚Alter Sack' von einer neureichen Göre beschimpfen zu lassen.

Als die junge Frau aussteigen will, packt Max Holenstein der Teufel und bleibt sitzen mit der Begründung: „Sie haben die Musik nicht leiser gestellt, folglich stehe ich jetzt auch nicht auf!"

Darauf reagiert die Verhinderte mit lautem Geschrei, was den ganzen Bus in Aufregung versetzt, und sie forderte ultimativ, sie müsse jetzt aussteigen und dieser Alte verwehre ihr den Ausstieg.

Nachdem Rosmarie ihren Ehemann am Arm gepackt und ihn beiseite gezogen hat - Holenstein lässt dies widerspruchslos geschehen, denn er hat gesehen, dass der Chauffeur aufgestanden ist und auf dem Weg zu den Streithähnen ist -, kann die junge Frau das Postauto schimpfend und mit hochrotem Kopf verlassen. In der Folge waren die beiden Frauen sauer auf Max und beim gemeinsamen Nachtessen sah er sich dem Frieden zuliebe gezwungen, sich bei ihnen zu entschuldigen. Selbstverständlich sei es nicht seine Absicht gewesen einen Tumult zu veranstalten und er sehe ein, dass die Konsequenzen seines Reklamierens für alle nicht direkt Beteiligten belastend gewesen sei, wofür er um Nachsicht bat.

Als dann ein halbes Jahr später anlässlich einer gemeinsamen Sonntagswanderung Max Holenstein einen Hundebesitzer rügte, der seinen Hund an einer Bahnunterführung bei starkem Personenverkehr an einen Betonpfosten pissen lies, war es für die Schwägerin des Reklamierens zu viel.

„Ich habe es satt, bei unseren gemeinsamen Ausflügen immer dieses Reklamieren mitanhören zu müssen – ich komme nicht mehr mit euch!"

Dabei blieb es, was für Rosmarie ein schwerer Schlag war, denn die beiden Frauen haben sich gut verstanden. Max Holensteins Einsatz für den öffentlichen Raum ist bei seiner Schwägerin im Grunde genommen auf taube Ohren gestossen. Mehrmals hatten sie über die Bedeutung des öffentlichen Raums miteinander diskutiert und er hatte für seine Haltung geworben, denjenigen, die den öffentliche Raum mit zu lauter Musik, Füssen auf den Sitzgelegenheiten und Littering missbrauchten, entgegen zu treten. Halbherzig wurde ihm Verständnis entgegengebracht, aber auch an ihn appelliert, es nicht eskalieren zu lassen. Gewarnt wurde er auch mit dem Hinweis „Du machst solange, bis dich einmal jemand so richtig zusammenschlägt!"

Max Holensteins Hypothese, wieso seine Schwägerin aus der Beziehung mit Rosmarie und ihm austrat, lag im Grunde genommen tiefer, nämlich in der Erfahrung mit ihrem Nachbarn, der sie als 17-Jährige in ihrem Schlafzimmer überraschte und sie vergewaltigte.

Diese schlimme Erfahrung wurde von ihren Eltern todgeschwiegen, um in dem kleinen, ländlich geprägten Dorf den nachbarschaftlichen Frieden nicht zu gefährden. In der Folge reagierte Sie mit Stimmverlust und sie fühlte sich elend und vor allem sehr verlassen, wie sie dies auch einmal Rosmarie gegenüber kundtat. Aufgrund dieser Erfahrung ist es für Max Holenstein nachvollziehbar, dass seine Schwägerin sein Stänkern immer wieder von neuem an den eigenen Vergewaltigungsvorfall erinnerte und dieser unter den Tisch gekehrt wurde, obwohl man lautstark und mit Konsequenzen hätte reklamieren sollen und sie damit auch in Schutz genommen worden wäre. Nichts dergleichen geschah damals und man liess die junge Frau mit ihrem Leiden allein. An die eigene belastende Geschichte durch das Verhalten ihres Schwagers erinnert zu werden, war für sie nun nicht mehr tragbar gewesen und sie hatte schliesslich kapitulieren müssen. Max begründete auch, er sei eben auch Politiker mit einem hohen Gerechtigkeitsempfinden und als Parlamentarier sei er auch eine ‚öffentliche Person'. Als solche fühle er sich verpflichtet, bei Missbräuchen des öffentlichen Raums einzuschreiten. Diese Optik wurde quittiert mit Rosmaries Bemerkung „Du meinst, du seist für alles in dieser Gesellschaft verantwortlich."

Die allermeisten von Hollenstein angesprochenen Personen akzeptieren jeweils seine Bitte um vermehrten Respekt dem öffentlichen Raum gegenüber. Ein anderes Beispiel zeigt jedoch, dass es zu einem weiteren Fall mit polizeilichen Ermittlungen gekommen ist. Es geht um einen jungen Mann, der sehr laut im Postauto telefoniert. Zuerst denkt Max Holenstein, die Sitznachbarin müsste doch mit einer Bitte um leiseres Telefonieren reagieren. Da dem nicht so ist und mehr und mehr Fahrgäste unruhig werden und einander ansehen, kann Holenstein nicht aus seiner Haut, steht seinem Verantwortungsbewusstsein folgend auf und schreitet festen Schrittes zum Fehlbaren mit den Worten: „Reden

Sie doch bitte ein bisschen leiser, wir alle wollen Zeitung lesen und ihr lautes Gespräch stört!" Auf die abweisende Reaktion des Telefonierenden, erhöht der sichtlich erzürnte Holenstein seine Stimme mit den Worten: „Wenn Sie nicht sofort leiser reden, nehme ich Ihnen Ihr Telefon weg!"

Im Polizeirapport stand dann später folgende Aussage einer Zeugin dieses Vorfalls: B. K., die neben Max Holenstein im Postautos sass und diesen nicht kannte, führte aus, der junge Mann habe sich sehr laut am Telefon unterhalten. Der Angeschuldigte – Holenstein - habe den Geschädigten – den jungen Mann - deshalb höflich gebeten, etwas leiser zu sprechen, worauf der Geschädigte antwortete, dies gehe ihn, den Angeklagten, nichts an, er könne so laut sprechen, wie er wolle. In der Folge habe sie ein knackendes Geräusch gehört, worauf der Angeschuldigte sofort gesagt habe, es tue ihm leid, dass das Natel kaputt gegangen sei. Der Telefonbesitzer habe aber umgehend begonnen den Angeschuldigten zu beschimpfen.

Dieses Rencontre ging insofern salomonisch aus, als Max Holenstein die Verfahrenskosten im Betrage von 320 Franken zu bezahlen hatte und der junge Mann keine Entschädigung für sein defektes Natel erhielt.

Auch innerhalb seiner Familie hatten sie schon mehrmals über das Thema ‚öffentlicher Raum' geredet. Seine drei halbwüchsigen Kinder teilen Mutters Auffassung, es sei zwecklos, sich für ‚Ordnung im öV' einzusetzen. Eingefahren ist den Kindern nachstehende Erfahrung des Ältesten.

„Weisst du Papa, letzthin, auf der Heimreise im Zug, hatte ich dich am anderen Wagenende gehört, wie du reklamiert hattest, weil offenbar jemand zu laut Musik gehört hatte. Im ganzen Zug hatte man dich gehört und ich muss dir ehrlich sagen, es hatte mich geniert, dich ‚erzieherisch' im Zug zu hören."

Und die Zweitälteste doppelt nach: „Ich will schon lange nicht mehr, dass Papa im gleichen Wagen sitzt wie ich. Eine meiner Schulkolleginnen hatte schon vor rund einem halben Jahr als Zwangsmithörerin einer Diskussion eine unmissverständliche Andeutung gemacht, mein Papa höre offenbar nicht gerne Musik."

Für Max Holenstein ist ganz klar: Öffentliche Räume sind zu schützen und Missbrauch ist zu adressieren. Ihm ist auch bewusst, dass in diesen Räumen unterschiedliche Interessen aufeinander treffen. Er ist klar der Meinung, dass Leute miteinander reden sollen, aber zu laute Musik und rücksichtslos laut telefonieren stellt für ihn ein Missbrauch des öffentlichen Raumes dar. Eine gegenseitige Rücksichtnahme gilt für alle: für Senioren und auch für Jugendliche und junge Erwachsene sowie auch für Geschäftsleute. Die Qualität des öffentlichen Raums ist auch eine Art Visitenkarte unserer Gesellschaft. Mit dem Aufkommen der neuen Kommunikationstechnologien sind die Anforderungen an alle gestiegen. Offensichtlich ist dies noch nicht allen Reisenden bewusst und Holenstein fühlt sich berufen, ‚für Ordnung' zu sorgen.

Öffentliche Räume sind für ihn nicht nur die öffentlichen Transportmittel. Auch auf Strassen, und in Pärken beispielsweise, ist seiner Meinung nach das durchschnittliche Bedürfnis nach einem akzeptablen Lärmpegel zu respektieren. Dies war nicht der Fall, als er mit seiner Frau vor einem Restaurant an der Bahnhofstrasse wartend überlaute Musik vernahm und seine Frau entrüstet ansah. Diese sofort angstvoll: „Aber Max, bitte halte dich zurück....." Kaum gesagt, fragt dieser den auf dem Trottoir auf sie zusteuernden jungen, schlotenden Mann mit verfilzten Haaren und seinen überlaut eingestellten Radio auf der linken Schultern locker zur Schau stellend: „Können Sie nicht ein bisschen leiser stellen!?" „Halt die Schnauze!" brüllte der ‚Verfilzte' an seinem Radio vorbei, was sich Max nicht gefallen liess. Diese despektierliche Anrempelung nicht akzeptierend, verliert er seine Fassung und will diesem widerlichen Typen dessen Radio entreissen. Dieser weicht zurück und haut Holenstein seine rechte Faust an die Brust, was dieser seinerseits mit einem Faustschlag quittiert.

Die konsterniert zuschauende Ehefrau von Holenstein erschrickt, ist entsetzt und schreit um Hilfe. Die Gäste in der nahen Gartenwirtschaft waren durch die laute Musik ebenfalls neugierig geworden und hatten die Köpfe zur Bahnhofstrasse gedreht und wurden somit Zeugen der Schlägerei. Auf den Schrei von Holensteins Frau sprangen sie auf, konnten aber nicht mehr verhindern, dass der ‚Musikliebhaber' mit einem Schlagring Holensteins Kopf traf. Dieser taumelte zurück, stolpert über den Trottoirrand und ging rückwärts zu Boden. Die herbeieilenden Gäste konnten gerade noch verhindern, dass sich der Schlagring-Bewaffnete auf sein Opfer stürzte. Zwei Männer führten diesen zu seinen am Boden liegenden defekten und mittlerweile stummen Radio und einer sagte dabei zum im Gesicht blutenden Holenstein gewandt: „Diesen würde ich bei der Polizei anzeigen, denn bewaffnet mit einem Schlagring, das geht überhaupt nicht." Der Kommentar des anderen Helfers war für Holenstein wenig schmeichelhaft: „Wie können Sie sich nur von so einem Typen provozieren lassen! Es war doch ganz offensichtlich, dass dieser mit seiner überlauten Musik und seinem Schlagring auf Provokation aus war und Sie haben ihm den Gefallen getan......."

Und Holensteins frustrierte Frau doppelt nach: „Und dort auf der Strasse liegt auch noch deine Lesebrille. Ich habe dir immer gesagt, es komme einmal der Moment, wo du verprügelt wirst! Wann wirst du endlich mal gescheiter?!"

Zwischenzeitlich hat sich der Beschlagringte mit seinem Rest-radio aus dem Staub gemacht, nicht ohne triumphierend Holen-steins zertrümmerte Lesebrille, die dieser in seinem Hemdaus-schnitt eingesteckt hatte und die beim Intermezzo auf die Strasse gefallen war, grölend als Siegestrophäe in der Luft zu schwenken. Konsterniert schaut ihm ein leicht traumatisierter und im Gesicht blutender Max Holenstein nach.

Corina Bernegger wertet den Charakter von Max Holenstein, einen unnachgiebigen, parteipolitisch Unabhängigen, dem der Respekt des öffentlichen Raums verpflichtet ist, wie folgt:

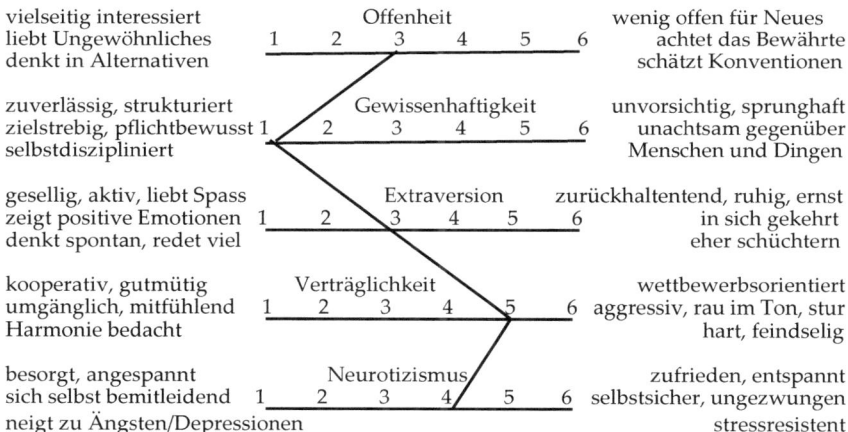

Der Liberale

Wie seiner Tochter versprochen, schildert Alan Bernegger ihr nun die wesentlichen Lebenspfade seines Studienfreundes.

„Du kennst ja Jacob Hamilton von seinen Besuchen bei uns recht gut, Corina. Was du kaum wissen kannst sind seine Ver-dienste um den Aufstieg der liberalen Partei in England."

Alan Bernegger berichtet, dass die Liberale Partei heute am wählerstärksten ist und auch die Regierung stellt. Neben ihrem klaren Einsatz für den Wiedereintritt von England und Wales in die EU, hatte sich diese Partei als einzige auch kompromisslos für griffige Massnahmen gegen den Klimawandel ausgesprochen. Dies im Gegensatz zu der zuvor regierenden Labour Party und den noch früher regierenden Tories. Die Kombination von Pro-EU-Haltung und Engagement für den Klimawandel hatte im Wesentlichen zur Ablösung der seit dem Zweiten Weltkrieg herrschenden Abwechslung in der Regierungsverantwortung zwischen Labour und Tories geführt. Die Nachteile des Austritts vom damaligen Grossbritannien im Jahr 2020 (Brexit) hatten sich nach anfänglichen vermeintlichen Vorteilen im Laufe der Jahrzehnte mehr und mehr manifestiert. Hinzu gekommen ist die geopolitische Akzentuierung der Blockbildung mit dem Aufstieg von China und dem gewachsenen Bewusstsein der Bewohner der britischen Insel, dass sie nicht nur geografisch zu Europa gehörten, sondern eben vor allem auch wirtschaftlich. Die Schotten hatten dies schon weit früher erkannt, hatten sich von Grossbritannien getrennt und waren schon in den 30er Jahren der EU wieder beigetreten. Analoges gilt für Nordirland: Sie hatten sich Ende der 20er Jahren von Grossbritannien gelöst und sich mit Irland vereinigt, nachdem eine jüngere Generation eine weniger emotional geführte Diskussion über ihre Zugehörigkeit führen konnte.

„Jacob entstammt einem alten reichen englischen Handelsgeschlecht. Ich hatte ihn an der Uni in London während des gemeinsamen Jus-Studiums kennengelernt und auch Einblick in seine Familie erhalten. Er ist ein unabhängig denkender Mensch, sehr faktenorientiert und hatte sich insbesondere durch die Berichte des Weltklimarats inspirieren lassen. Der Familientradition folgend hatte er sich schon während des Studiums für Politik interessiert. Seine Eltern waren vehemente Gegner des im Jahr 2020 erfolgten Brexit und der Zehnjährige hatte die lebhaften Diskussionen am Familientisch vor und nach dem Austritt Grossbritanniens stets in lebhafter Erinnerung behalten. Diese Diskussionen hatten ihn stark geprägt. Sein Betritt zur liberalen Partei wurde von seinem Vater sehr gefördert, denn als Weltbürger war er überzeugt, dass Grossbritannien zur EU gehörte. Die in der damaligen Zeit weltweit geführten Diskussionen über den Klimawandel waren ihm noch zu wenig nah,…"

Corina unterbricht ihn mit den Worten: „Aber schon damals war doch offensichtlich, dass die Menschheit über ihre Verhältnisse lebte und……"

„Ja, aber nicht für alle. Gerade die Engländer waren so sehr mit ihren Diskussionen über ihren Brexit beschäftigt. Zudem war Vater Hamilton dauernd auf Achse und musste sich um seine internationalen Geschäfte und der Verwaltung seines Vermögens kümmern. Und vor allen Dingen trauerte er der alten Kolonialmacht Englands nach. Er war aber insofern Realist, als er einsah, dass England innerhalb der EU eine wichtige Rolle spielen konnte – viel eher als mit einem Austritt, denn auf die alte Freundschaft mit den Amerikanern war seiner Meinung nach kein langfristiger Verlass."

Corina als junge, 28-jährige Frau war anzusehen, dass sie wenig Verständnis aufbrachte für den Vater von Jacob. Anlässlich der jeweiligen Kontakte mit Jacob und seiner Frau im Kreise ihrer Familie bewunderte sie immer wieder dessen klaren Verstand und seine stringente Argumentationsweise, wenn es um Umweltfragen ging. Sie hatte deshalb einige Mühe nachzuvollziehen, dass dessen Vater gegenüber dem schon damals in der Gesellschaft diskutierten Klimawandel indifferent war.

„Das grosse Engagement seines Sohnes lief auch nicht spurlos an Vater Hamilton vorbei. Jacob wurde Sekretär der Liberalen Partei, war massgeblich an deren Strategieformulierung beteiligt und trimmte zusammen mit der in der Bevölkerung sehr beliebten Präsidentin die Liberale Partei mit den beiden zentralen Themen Klimawandel und ‚Back to Europe' zur Mehrheitspartei in England und Wales."

Alan schildert im Weiteren, wie sich damals Jacob mit den periodisch erscheinenden Berichten des Weltklimarats auseinandersetzte. Die Seriosität dieser Berichte, die grosse Zahl der Wissenschaftler, die in diesem Projekt involviert waren - und heute noch sind –, und die enorme Datenmenge hatten ihn damals sehr beeindruckt. Seine Fähigkeit, das komplette und komplexe Wissen des Weltklimarats in eine volkstümliche Sprache zu transformieren hat wesentlich zum Meinungswandel im politisch sensitiven Teil der liberalen Wählerschaft beigetragen.

„Was war dann eigentlich mit Schottland und Nordirland genau geschehen?", wollte Corina wissen.

„Nur kurz im Schnellzugstempo: Schottland war schon immer gegen den Brexit und hatte drei Jahre nach dem Austritt über den Verbleib bei Grossbritannien ein Plebiszit durchgeführt, das mit einer Mehrheit von rund 60 Prozent bejaht wurde. Damit war der Weg offen für Verhandlungen mit der EU, die im Jahr 2029 erfolgreich abgeschlossen wurden."

„Mit Nordirland war der Prozess vermutlich schwieriger und….."

„Ja, ja, die Diskussionen wurden heftig geführt, aber glücklicherweise ohne Waffengewalt. Eine jüngere Generation war an allen drei ‚Fronten', England, Nordirland und Irland, an der politischen Macht und im Jahr 2035 war der Zusammenschluss zwischen Irland und Nordirland besiegelt".

Alan streicht seiner Tochter gegenüber die Verdienste seines Freundes heraus. Der Aufstieg der Liberalen Partei wäre ohne seine von der Parteileitung abgesegnete klar fokussierte Zielsetzungen, die den Wandel in der englischen Gesellschaft antizipierte, nicht geschehen. Selbstverständlich hatten die überaus beliebte Parteipräsidentin und viele der ebenfalls sehr engagierten Abgeordneten und Parteimitglieder auch einen grossen Anteil an der Umstülpung der englischen Parteilandschaft. Aber Jacobs koordinierende Rolle und insbesondere seine sehr feine Rhetorik und vor allem seine unglaubliche Überzeugungskraft wirkten auf sehr viele Wähllende.

Aufgrund der Schilderungen ihres Vaters, und dem Buch über die Familiengeschichte der Hamiltons wertet Corina Bernegger den Charakter von Jacob Hamilton, dem liberalen Engländer, wie folgt:

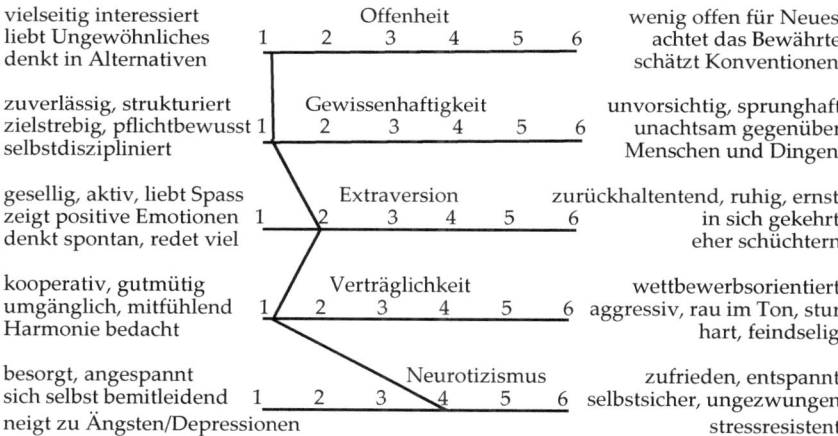

vielseitig interessiert · liebt Ungewöhnliches · denkt in Alternativen — **Offenheit** 1 2 3 4 5 6 — wenig offen für Neues · achtet das Bewährte · schätzt Konventionen

zuverlässig, strukturiert · zielstrebig, pflichtbewusst · selbstdiszipliniert — **Gewissenhaftigkeit** 1 2 3 4 5 6 — unvorsichtig, sprunghaft · unachtsam gegenüber Menschen und Dingen

gesellig, aktiv, liebt Spass · zeigt positive Emotionen · denkt spontan, redet viel — **Extraversion** 1 2 3 4 5 6 — zurückhaltend, ruhig, ernst · in sich gekehrt · eher schüchtern

kooperativ, gutmütig · umgänglich, mitfühlend · Harmonie bedacht — **Verträglichkeit** 1 2 3 4 5 6 — wettbewerbsorientiert · aggressiv, rau im Ton, stur · hart, feindselig

besorgt, angespannt · sich selbst bemitleidend · neigt zu Ängsten/Depressionen — **Neurotizismus** 1 2 3 4 5 6 — zufrieden, entspannt · selbstsicher, ungezwungen · stressresistent

Die Besessene

Über Anita Huwyler gibt es in den Unterlagen von Rudolf Bernegger lediglich stichwortartige Beschreibungen, was vermuten lässt, dass er kurz vor seinem Unfalltod im Jahr 2025 mit dieser Personenbeschreibung beschäftigt war.

Die vorliegenden Dokumente schildern Anita Huwyler als eine der Vertreterinnen der Grünen im kantonalen Parlament mit einem sehr prägnanten Profil. Während ihre Kollegen und Kolleginnen mit wohlvorbereiteten Reden die Andersdenkenden zu überzeugen versuchen, blättert sie meist nur gelangweilt in den Zeitungen. Doch sie ist in der Politszene derart gut vernetzt, wie keine andere Grossrätin oder Grossrat. Dies ist einerseits auf ihre allseits geschätzte Dossier-Detailkenntnisse und die lange Zugehörigkeit im kantonalen Parlament zurückzuführen. Sie wirkt im Hintergrund, der Ratsbetrieb scheint sie zu langweilen und sie schmiedet über Parteigrenzen hinweg erfolgreich Allianzen. Innerhalb der Partei wird sie nicht nur aus diesen Gründen respektiert, sondern auch, weil sie sich nicht zu schade ist, bei wichtigen Anliegen auf den Strassen mit Flyern den Abstimmungskampf auszutragen. Innerhalb der Fraktion wird sie aber nur ‚respektiert' und bei vielen ist sie nur wohl gelitten. Ihre direkt-kritische Art gegenüber ihren Fraktionskolleginnen und -kollegen, ihr ausgebautes Netzwerk über alle Parteigrenzen hinweg, ihre durchschlagenden Wiederwahlerfolge mit einem hohen Anteil an Fremdstimmen, ihr häufiges Fernbleiben von den Fraktionssitzungen und ihre offensichtliche finanzielle Unabhängigkeit machen sie zu einer Outsiderin.

Dass Anita Huwyler auch in der Bevölkerung polarisiert, zeigt sich auch in ihrem vehementen Kampf gegen das neue Eishockeystadion. Zeitungen titulierten sie als ‚Öko-Furie', Eishockeyfans bewarfen ihr Haus mit grünen Farbbeuteln und Schmähbriefe waren während des Abstimmungskampes an der Tagesordnung. Durch nichts lässt sie sich beindrucken und kämpft unverdrossen für ihre Argumente und ihre Meinung.

Innerhalb der Fraktion geht es auch um persönliche Animositäten, aber auch um politische Richtungskämpfe. Anita Huwyler ist eine wertkonservative Grüne: missionarisch in Umweltfragen, aber nicht sozialistisch und schon gar nicht gewerkschaftlich.

Besonders in Bildungs- und Gesundheitsfragen vertritt sie in ihrer allseits bekannten Manier eine eigene Meinung. So war sie vehement für die Beibehaltung der Mundart im Kindergarten. Und im Gegensatz zu vielen Mitgliedern ihrer Fraktion war sie für die Schliessung der allzu vielen Regionalspitäler.

Mit ihrer direkten, eigenständigen Art eckt Huwyler bei der Fraktionsleitung schon seit Jahren an. Ganz besonders kritisiert wurde sie, als sie in einer Kommissionssitzung gegen ihre Parteikollegin und Kommissionsvorsitzende stimmte.

Mit der Fraktionsvorsitzenden Therese Lüthi verbindet Anita Bechtold eine fast schon sattsam bekannte Feindschaft. Es ist ein erklärtes Ziel von Lüthi, Ihre Rivalin in keine Kommission mehr zu delegieren und sie damit politisch kaltzustellen. Beide sind Alphatiere, beide bekannt als schlagfertige Debattierinnen. Im Gegensatz zu Lüthi bringt Bechtold oft viel Witz in ihre Darlegungen, was für allgemeine Heiterkeit sorgt. Darüber ist jedoch Lüthi jeweils nicht sehr ,amused'. Auch wegen ihres saloppen Umgangs mit Gegnern und Fraktionskolleginnen und Kollegen wird sie oft kritisiert. Demgegenüber wird Huwyler von einer ihrer Fraktionskolleginnen unterstützt, was den zu autoritären Führungsstil von Lüthi anbelangt: „Wer pariert, wird von Theres Lüthi gefördert und wer unabhängig ist wie Anita Huwyler, hat es beim Alphatier Lüthi schwer.»

Doch Lüthi selber will von Rivalität nichts wissen. Gibt es Streit mit Anita Huwyler? „Blödsinn", antwortete sie auf eine entsprechende Frage eines Ratsberichterstatters, „wir sind ab und zu anderer Meinung, das ist doch ganz normal."

Obwohl Huwyler für ihre Sturheit und ihre ökofundamentale Haltung berühmt-berüchtigt ist, hat sie bis weit ins bürgerliche Lager Sympathien. Sie gilt als verlässliche, kompetente Sachpolitikerin, die keine Berührungsängste kennt. Sie gehört zu den Verfechterinnen eines moderaten grünen Kurses in einer Partei, die nach der Abspaltung der Grünliberalen nach links gerückt ist. Huwyler selber ist überzeugt, dass ihre Kontakte ins bürgerliche Lager insbesondere von ihrer Fraktionsvorsitzenden mit Argwohn beobachtet wird.

Huwyler sagt von sich, sie könne extrem nerven, sie sei unbequem und auch sehr beharrlich. Sie hat es zu ihrer individuellen Taktik gemacht, zuerst einmal Nein zu sagen. Dies hat dazu geführt, dass sie insbesondere bei ihren politischen Gegnern als Nein-Sagerin und Verhinderin abgestempelt ist. Politisch Gleichgesinnte hingegen loben ihren engagierten Einsatz für den Klimaschutz und die Verkehrsentlastung. Ihr Steckenpferd ist das Verbandsbeschwerderecht und dieses ruft sie an bei jeder sich bietenden Gelegenheit, um auf Fehlplanungen hinzuweisen und um diese auch zu verhindern. Für sie ist es auch eine Frage der politischen Konsequenz: Wenn Ziele gesetzt sind, dann sind diese auch mit letzter Konsequenz anzupeilen. Diese Konsequenz und Beharrlichkeit hat dazu geführt, dass sie diejenige Politikerin auf der Mitte-Links Ratsseite ist mit den meisten Erfolgen bei Volksabstimmungen. Ihre Fangemeinde ist dementsprechend gross. Im Volk kennt man Sie als unermüdliche Streiterin für ökologische Fragen und Projekte. Ihr zeitlicher Aufwand ist enorm und sie wirkt vor einem Abstimmungskampf an vorderster Front auch mit dem Aufhängen von Plakaten. Besondere Verdienste hat sie sich auch mit den jährlichen Velobörsen erworben; sie ist die Organisatorin, ist vernetzt mit mehreren Velohändlern und findet jedes Jahr ein passendes Thema, das auch nicht nur Velo-Fans anzieht.

Nicht unbescheiden redet sie gerne von ihren Erfolgen und weist dabei gerne auf das Versagen der Behörden hin. Diese ist ihrer Meinung nach zu wenig mutig und verschläft die wichtigen Fragestellungen, die die Bürger beschäftigen. Wer sich auf ein Gespräch mit ihr einspannen lässt, bekommt schnell einmal eine

Lektion über die letzten fünfunddreissig Jahre Politik vermittelt. Eines der besonderen Geschichten ist die Ablehnung einer Velobrücke über die Bahngeleise des Hauptbahnhofs durch das Volk. In der Abstimmungsweisung entdeckte sie eine Formulierung, die die reale Situation nicht genau wiedergab. Sie rekurrierte deshalb und in einer zweiten Abstimmung hatte sie Erfolg und die Velobrücke wurde gebaut.

Es scheint so, als würde sie von Widerstand beflügelt. Sie vertraut so auf Ihre Analyse und den von ihr gezogenen Schlussfolgerungen und verfolgt dann unbeirrt ihren Weg. Kompromissbereit ist sie erst, wenn die Gegner tatsächlich starke Argumente vorbringen. Ist dies dann der Fall, stellt sie sich uneingeschränkt auch hinter diese Argumente, was offensichtlich ihr Image als gewiefte Netzwerkerin prägt. Gegenteilige Auffassungen haben es in der Regel schwer, denn sie hat Recht und die anderen haben es eben noch nicht geschafft, die Wahrheit zu erkennen. Als Lehrerin weiss sie, dass ,einmal kein Mal ist' und dass mit Wiederholungen gearbeitet werden muss. Das grosse Übel in unserer Gesellschaft sei die Denkfaulheit der Bürger.

Mit solchen Äusserungen hat sie sich das Prädikat ,arrogant' erworben. Doch sie schert sich einen Deut darum, was nochmals Distanz schafft bei vielen politisch Engagierten – in der eigenen Partei und vor allem auch in anderen Parteien.

Anita Huwyler, eine besessen wirkende grüne Politikerin, wird von Corina Bernegger wie folgt bewertet:

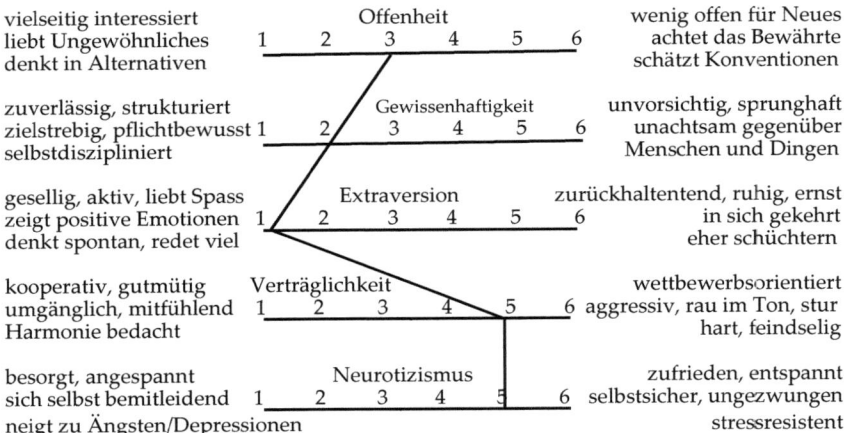

vielseitig interessiert liebt Ungewöhnliches denkt in Alternativen	Offenheit						wenig offen für Neues achtet das Bewährte schätzt Konventionen
	1	2	3	4	5	6	

Der grüne BGB-Politiker

„Hier, Corina, habe ich noch eine interessante Lektüre", sagt Alan Bernegger zu seiner Tochter und übergibt ihr das Buch von Erwin Akeret ‚Erlebtes Parlament' und von Werner Baumann einen dazugehörenden Lebensbeschrieb von fünf A4-Seiten.

Erwin Akeret wurde 1915 geboren und wuchs in einer politisch orientierten Buchdrucker- und Verlegerfamilie auf. Schon früh interessierte sich der junge, zielstrebige Akeret für Politik.

Das Jus-Studium war eine ideale Basis für seine Tätigkeit als späterer Journalist, Redaktor und Verleger. Schon als 25-Jähriger übernahm er Verantwortung, indem er die Redaktionsleitung der Regionalzeitung übernahm. Die Bewohner seines Wohnorts anerkannten sein juristisch-staatsbürgerliches Wissen, seine Zielstrebigkeit und seine politische Begabung und wählten ihn als jungen Mann in die Schulpflege, danach in den örtlichen Gemeinderat und als Präsident der örtlichen Bauern-, Gewerbe- und Bürgerpartei (BGB) – die spätere SVP. Diese Partei präsidierte er während 23 Jahren. Als 40-jähriger wurde er in den Nationalrat gewählt und gehörte diesem während sieben Amtszeiten an. Bevorzugte politische Aktionsfelder waren der Umwelt-, Natur-

und Heimatschutz und als Zentralpräsident des nationalen Fischereiverbandes setzte er sich mit Vehemenz für die Erhaltung und Sanierung der Gewässer, für den Landschaftsschutz und gegen Lärmemissionen ein. Für einen heutigen SVP-Politiker im doppelten Sinne nicht denkbar, setzte er sich mit Gleichgesinnten auf Barrikaden, um den Bau des Kleinkraftwerks Rheinau zu verhindern. Mit dieser Protestaktion war er allerdings nicht erfolgreich, denn die Stimmberechtigten lehnten die ‚Rheinau-Initiative' ab und der Kraftwerkbau wurde damit ermöglicht. Unbeirrt kämpfte er aber als Landschaftsschützer weiter und wehrte sich gegen den Bau des Greina-Wasserkraftwerks, für ein autobahnfreies Zürcher Weinland und ein ‚Säuliamt' ohne Autobahn. Im Nationalrat brachte er sein Wissen und sein Engagement in zahlreichen Kommissionen ein, wie beispielsweise für die Modernisierung des Staats- und Zivilrechts, des Medienwesens, der Kulturpolitik - und des Umweltschutzes.

Ein weiterer Charakterzug dieses gradlinigen Mannes war, dass er nie aus seinem politischen Mandat materiellen Nutzen zog. Bezahlte Nebenbeschäftigungen und lukrative Verwaltungsratsmandate schlug er aus und wahrte so seine persönliche Unabhängigkeit. Seine persönliche und breite Erfahrung als Parlamentarier schrieb er in seinem Buch ‚Erlebtes Parlament' nieder. Damit wollte er dem im Volk weitverbreiten Unwissen über die Funktionsweise des Parlamentsbetriebs im Sinne eines Vermächtnisses entgegenwirken.

Erwin Akeret war eine unabhängig denkende Persönlichkeit, die als Redaktor und Verleger ‚seiner' Regionalzeitung schweizweit dank klarer, verständlicher Wortwahl Beachtung fand und damit zur Meinungsbildung seiner Leserschaft beitrug. Für manche seiner Nationalratskollegen – und vor allem wohl für das SVP-Establishment - mag er unbequem gewesen sein. Auch für die Fraktionsleitung der BGB im Nationalrat war er ‚Oppositioneller' und ‚zu grün' und wurde während einigen Jahren in keine einzige Kommission delegiert. Dass er teilweise auch aneckte, zeigte sich auch ausserhalb der Bundeskuppel. So brachte er auch Anliegen zur Sprache, die ihm keinerlei politischen Nutzen einbrachten, unpopulär waren, lediglich von Bürgergruppen getragen wurden, die über keine Lobby verfügten und von einflussreichen Seiten bekämpft wurden.

Erwin Akeret war politischer Einzelgänger, ein ‚politisch Grüner der ersten Stunde', der die damals schon existierenden Umweltprobleme erkannte. Aus heutiger Sicht war er ‚Einsamer Rufer in der Wüste', der sich für seine Ideale kraftvoll einsetzte und seiner Zeit voraus war.

Corina Bernegger wertet den Charakter von Erwin Akeret aufgrund der vorgefundenen Dokumente wie folgt: zurückhaltend, beobachtend, aufklärerisch, arbeitsam, offen für Neues, wissenschaftlich orientiert, umgänglich, minderheits- und kompromissorientiert, kollegial, tatkräftig, kontaktfreudig, gesellschaftskritisch, differenziert, mutig, zu seiner Meinung stehend, unabhängig denkend und handelnd, gradlinig, mutig, hartnäckig, andere Meinungen respektierend. Dessen Persönlichkeitsprofil sieht ihrer Meinung nach so aus:

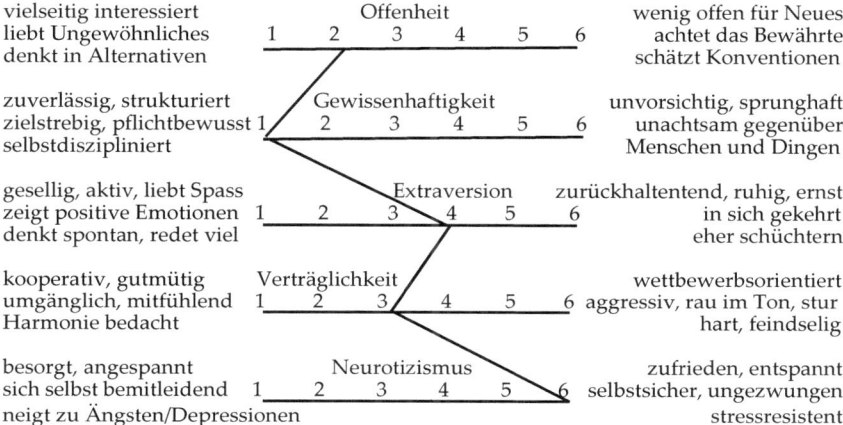

	Offenheit					
vielseitig interessiert liebt Ungewöhnliches denkt in Alternativen	1	2	3	4	5	6	wenig offen für Neues achtet das Bewährte schätzt Konventionen

vielseitig interessiert   Offenheit   wenig offen für Neues
liebt Ungewöhnliches 1   2   3   4   5   6   achtet das Bewährte
denkt in Alternativen   schätzt Konventionen

zuverlässig, strukturiert   Gewissenhaftigkeit   unvorsichtig, sprunghaft
zielstrebig, pflichtbewusst 1   2   3   4   5   6   unachtsam gegenüber
selbstdiszipliniert   Menschen und Dingen

gesellig, aktiv, liebt Spass   Extraversion   zurückhaltentend, ruhig, ernst
zeigt positive Emotionen 1   2   3   4   5   6   in sich gekehrt
denkt spontan, redet viel   eher schüchtern

kooperativ, gutmütig   Verträglichkeit   wettbewerbsorientiert
umgänglich, mitfühlend 1   2   3   4   5   6 aggressiv, rau im Ton, stur
Harmonie bedacht   hart, feindselig

besorgt, angespannt   Neurotizismus   zufrieden, entspannt
sich selbst bemitleidend 1   2   3   4   5   6 selbstsicher, ungezwungen
neigt zu Ängsten/Depressionen   stressresistent

Der Unbequeme

‚Es ist uns allen bekannt, dass alternative Gruppierungen und Bewegungen versuchen, unsere Behörden von Dorfkirchen zu unterwandern! Was gänzlich unakzeptabel ist, ist der Anspruch von Kandidat Schlegel als Mitglied der Grünen Partei, in unserem siebenköpfigen Gemeinderat einen Sitz zu erobern.' Diese Worte stehen in einem Flugblatt, das der Dorfbäcker an alle Haushaltungen verschickt hat. Im Weiteren fragt Bäckermeister Amstutz rhetorisch: „Wollen wir Experimente? Seht, was die deutschen Grünen anrichten! Wir wollen keine Unterwanderung unseres Rechtsstaates". Sein Flugblatt endet mit dem Aufruf „Wählt keine Katze im Sack!!"

Diese Attacke wird von der neu gegründeten politischen Bewegung im Dorf, dem Verein ‚Alternative Politik - Jetzt (APJ)' nicht goutiert. Ihr Aushängeschild ist der Notar Karl Schlegel, der sich neben drei anderen Kandidaten und einer Kandidatin für einen der drei frei werdenden Sitze im Gemeinderat bewirbt. Daneben bewerben sich auch noch zwei Personen, eine Frau und ein Mann, für zwei freiwerdende Sitze in der Primarschulpflege, eine

Frau für die Oberstufenschulpflege, eine Frau in die Fürsorgebehörde, ein Mann für die Rechnungsprüfungskommission und eine Frau und ein Mann stellen sich als Stimmenzähler zur Verfügung. Alle Kandidaturen sind Kampfkandidaturen, denn es stellen sich mehr Personen zur Verfügung als Sitze zu vergeben sind. Dank der kurz vor den Wahlen gegründeten APJ ist Leben in die Dorfpolitik gekommen, denn bis anhin hatten SVP, FDP und der Gewerbeverein die allermeisten Kandidaten gestellt. Es gibt auch einige Parteilose in den politischen Gremien, aber über deren Weltanschauung bestehen keine Zweifel, denn die Parteistrategen waren sich auch in der Vergangenheit ihrer Verantwortung durchaus bewusst, wen sie für ein Gemeindeamt anzufragen hatten.

Karl Schlegels Kandidatur war so gewisser Massen der Weckruf für die schlummernde und mit der bisherigen politisch einseitig ausgerichteten Dorfpolitik unzufriedene Opposition. Als seine Kandidatur publik wurde, erhielt Schlegel viele unterstützende Anrufe und auch die Anfrage, ob er in einer neu zu gründenden politischen Bewegung mitmachen würde. Für Schlegel war auf der Hand liegend, dass er als Mitglied der Grünen Partei bei vielen der parteipolitisch denkenden Wähler keine Unterstützung erwarten konnte. Er hatte zwar einen gut-bürgerlichen Beruf und sich in den drei Jahren, in denen er als Notar hier tätig war, als Fachmann, und auch menschlich, gute Noten erworben. Wenn es aber um Wahlen geht, dann weht ein rauer Wind, wie das diffamierende Flugblatt des Bäckermeisters zeigt.

Nicht wenige der konservativ denkenden Einwohner finden offenbar auch, jemand, der erst seit nicht einmal drei Jahren in der Gemeinde Wohnsitz habe, sollte sich nicht direkt in den Gemeinderat wählen lassen, sondern zuerst eine ,subalterne' Aufgabe wahrnehmen. So wurde Karl Schlegel vom SVP-Präsidenten in einem Telefonanruf bedeutet, er solle sich doch zuerst für die

RPK wählen lassen und nachher könne er sich dann immer noch für den ‚höheren' Gemeinderat bewerben.

So homogen, wie die heutige Zusammensetzung aller Gemeindebehörden suggerieren mag, ist die Wählerschaft aber nicht. Es gibt in dieser als konservativ geltenden Gemeinde offensichtlich doch relativ viele Bürgerinnen und Bürger, die die Dominanz der etablierten Parteien – gelinde gesagt – veränderungsnotwendig erachten. Dies erklärt auch, dass im Vorfeld der Wahlen die Kandidatinnen und Kandidaten des APJ auch in der Lokalzeitung über Leserbriefe Unterstützung erhalten. Ein allseits etablierter Bürger, Johannes Wettstein, der als Lehrer ein hohes Ansehen in der Gemeinde geniesst, hat sogar ein eigenes Flugblatt zugunsten von Karl Schlegel an alle Einwohner geschickt.

Ganz überraschend erhält Karl Schlegel auch eine Einladung zu einem Mittagessen vom Geschäftsführer einer ortsansässigen Firma, Friedrich Dubach, der sich als Sprecher einer Gruppe zu erkennen gibt, die sich – so die sich im Gespräch herausstellende Meinung – verhindern wollen, dass erstmals eine Frau ins erlauchte Männergremium des Gemeinderates einziehen würde. Offenbar ist diese Gruppe bei der Einschätzung der Wahlchancen der einzelnen Kandidaten und der Kandidatur von Frau Surber zur Überzeugung gekommen, eine Unterstützung des als konsiliant wirkenden Grünen sei gescheiter als eine Frau zu wählen. Würde die Frau gewählt, müssten sich die sechs übrigen Mitglieder des Gemeinderats dann während Jahren anlässlich der Gemeinderatsitzungen mit ‚Frauenthemen' und ‚Frauenoptiken' herumschlagen müssen – und dies gilt es unbedingt zu vermeiden; ein Grüner ist deshalb das weitaus kleinere Übel. Selbstverständlich bleibt Schlegel verborgen, wer und wieviel der wiederkandidierenden Gemeinderäte dieser Gruppe um diesen Geschäftsführer angehören.

Der Wahlsonntag bringt eine saftige Überraschung bei der Gemeinderatswahl: Der Grüne Karl Schlegel ist gewählt und mit ihm der Schlossermeister, Fritz Zurbuchen, und der Bauer Rolf Schlatter. Auf der Strecke bleiben Frau Surber Monika und Prokurist Müller Josef. Enttäuschend ist das Abschneiden der Kandidatinnen und der Kandidaten des Vereins ,Alternative Politik - Jetzt', denn ausser Schlegel wird niemand aus diesem Spektrum der politischen Alternative gewählt.

Der Beginn der Arbeit im neu gewählten Gemeinderat von Dorfkirchen gestaltete sich kollegial und während den ersten Monaten gab es keine Diskussionen, bei denen Schlegels unterschiedliche Weltanschauung zum Tragen gekommen wäre. Allen ist bewusst, dass die Arbeiten eines Gemeinderats zu einem Grossteil aus dem Vollzug der vorgegeben gesetzlichen Bestimmungen besteht, die keinen Platz bieten für ideologische Diskussionen. Nach den wöchentlichen Sitzungen geht es mit dem Gemeindeschreiber noch zum Jassen und Karl Schlegel wird kollegial in diese Runden miteinbezogen. Später wird er erfahren, dass böse Zungen im Dorf behaupten, es würde genügen, wenn der Gemeinderat lediglich vierzehntäglich tagen würde. Dies sei aber deshalb nicht der Fall, weil es dann keine wöchentliche Jass-Gelegenheit gäbe…….

Innerhalb des politischen Vereins ,Alternative Politik - Jetzt' raffte man sich – nach dem ,Wundenlecken' nach der verlorenen Wahl – auf, um Probleme, die in der Gemeinde existierten, zu diskutieren. Das vordringliche Problem ist die Verkehrssituation im Dorf. Es wird zu schnell gefahren und beim Überqueren der Strassen haben Mütter mit ihrem Kinderwagen oft Mühe, eine Lücke zu finden und sie fühlen sich gestresst. Dem soll Abhilfe geschaffen werden über ihren Vertreter im Gemeinderat, Karl Schlegel. Er ist selber Vater von zwei Kinder im Primarschulalter und seit er mit seiner Familie hier wohnt, der Meinung, die Verkehrssituation und die Sicherheit der schwächeren Verkehrsteilnehmer sei zu verbessern. Die neuralgischen Punkte werden diskutiert und der anwesende Architekt Rolf Leutenegger fertigt davon Skizzen an.

Informationsmedium innerhalb des Gemeinderats ist die Aktenmappe. Diese zirkuliert zwischen den Exekutivmitgliedern in vorgegebenem Turnus. Dieser Mappe legt Karl Schlegel seine schriftliche Bitte an den Gemeindepräsidenten, Egon Winiger, bei, das Thema ‚Verkehrsberuhigung‘ auf die übernächste Gemeinderatssitzung zu setzen. In diesem Schreiben erläutert er die Verkehrssituation und zeigt anhand der beigelegten Zeichnungen Lösungsvorschläge.

Anlässlich der nächsten Gemeinderatssitzung ist der Mimik des Gemeindepräsidenten anzusehen, dass ihm etwas über die Leber gekrochen sein muss. Mit heruntergezogenen Mundwinkeln und ganz knapp begrüsst er und kommt auch gleich zum Thema: „Karl, dein Vorschlag, über Verkehrsberuhigungsmassnahmen diskutieren zu wollen, ist deplatziert. Vergiss solche Dinge, die haben in unserer Gemeinde keinen Platz." Offensichtlich haben sich die übrigen Gemeinderäte aufgrund des Schreibens von Karl Schlegel untereinander zumindest telefonisch abgesprochen – und alle sind derselben Meinung.

Erstmals ist im Gemeinderat eine politische Diskussion zu führen. Unterschiedliche Interessenlagen werden aufeinanderprallen. Karl Schlegel ist sich bewusst, dass er einen schweren Stand haben wird. Und dass es für ihn kein Zurückkrebsen geben wird, ist für ihn auch ganz klar. Er steht voll hinter dem Anliegen von Verkehrsberuhigungsmassnahmen und weiss sich gedeckt durch den APJ, die vielen Familien mit Kindern und der älteren Bewohnerinnen und Bewohner.

Die Meinungsäusserung von Egon Winiger nimmt er zur Kenntnis und überlegt während der Behandlung der anstehenden Geschäfte, wie er auf die Äusserung des Präsidenten reagieren soll. Nach Behandlung des letzten Geschäfts auf der Traktandenliste bittet er ums Wort. Auch wenn die Mundwinkel des Vorsitzenden wieder dieselbe Stellung eingenommen haben, wie zu Beginn der heutigen Sitzung, lässt sich Karl Schlegel nicht beirren und sagt: „Ich weiss, dass ihr diesem Anliegen wenig Sympathien entgegenbringt, aber diskutiert werden muss diese Frage und ich stelle den Antrag, dieses Thema auf die nächste Sitzung zu nehmen." Winiger weiss, dass er sich nicht weigern kann und bestätigt knurrend. Im Hinterkopf hat er aber längst die Lösung: Er wird auf ‚nicht eintreten' votieren und er weiss, dass er seine übrigen Gemeinderatskollegen hinter sich haben wird.

Und so kommt es auch. Schlegel hält anlässlich der nächsten Sitzung sein Eintretensvotum weist auf die neuralgischen Verkehrsstellen im Dorf hin, zeigt anhand der Handzeichnungen, wie Verkehrsberuhigungen durch bauliche Massnahmen getroffen werden könnten und weist auf den Nutzen solcher Massnahmen insbesondere für Schulkinder, Frauen mit Kinderwagen und ältere Dorfbewohner hin.

Offensichtlich haben sich der Präsident und der Bauvorstand vor der Sitzung abgesprochen, denn letzterer antwortet. „Lieber Karl, wir hatten in unseren Gemeindestrassen noch nie einen gravierenden Fussgängerunfall. Es gab schon verschiedentlich Blechschäden, es gab Traktor- und Velounfälle, aber diese sind meistens glimpflich abgelaufen. Ein Handlungsbedarf für den Gemeinderat sehe ich nicht und deshalb beantrage ich Nichteintreten auf deinen Antrag."

Zustimmendes Kopfnicken in der Runde zeigen Karl Schlegel, dass in diesem Gremium nichts auszurichten ist mit seinem Anliegen und er repliziert: „Dass ihr in dieser Angelegenheit nichts unternehmen wollt, ist ja eigentlich nicht überraschend. Ich bin aber der Meinung, es gibt im Interesse von vielen Mitbürgerinnen und Mitbürgern Handlungsbedarf. Wenn ihr nicht über dieses Thema mit mir diskutieren wollt, dann werden wir die Bevölkerung halt befragen und sie wird den Gemeinderat beauftragen, tätig zu werden."

Gesagt - getan. Am nächsten Tag nimmt Schlegel mit seiner Nachbarin Marlies Vonrüti Kontakt auf, um die Situation zu besprechen. Sie sind sich einig, mittels einer Einzelinitiative das Anliegen an einer Gemeindeversammlung behandeln zu lassen. Mit grosser Genugtuung wird ihnen einmal mehr bewusst, dass sie in einem Staatsgebilde leben, das ihnen demokratische Rechte zugesteht, um gestalterisch wirken zu können. Auch wenn der zeitliche Aufwand gross ist, schätzen sie es als Demokraten, dass jeder Bürger und jede Bürgerin sich für die ihnen wichtig scheinende Themen politisch engagieren kann und letztlich die Mehrheit entscheiden kann, ob etwas verändert werden soll oder nicht.

Marlies Vonrüti initialisiert eine Mitgliederversammlung des Vereins ‚Alternative Politik – Jetzt', um für Unterstützung der Einzelinitiative zu werben. Ohne grosse Diskussion wird das Anliegen unterstützt und beide erhalten Lob für das notwendige und schnelle Handeln nach der Absage im Gemeinderat. Gegründet wird eine Gruppe Engagierter mit dem Auftrag, den Initiativtext vorzubereiten, einen Terminplan mit der nächsten Gemeindeversammlung als Fixpunkt zu erstellen und ein Argumentarium vorzuschlagen.

In der Folge wird dem Gemeinderat von Dorfkirchen von Marlies Vonrüti die Einzelinitiative gemäss §50 des Gemeindegesetztes mit nachstehendem, sinngemässem Wortlaut eingereicht.

Der Gemeinderat wird beauftragt, im Budget CHF 40'000 für die Ausarbeitung eines gesamtheitlichen Verkehrsberuhigungskonzeptes für das örtliche Strassennetz bereitzustellen. Das Konzept soll die Verbesserung der Verkehrssituation für alle Verkehrsteilnehmer zum Ziel haben und leicht realisierbare Massnahmen vorschlagen. Dabei sollen vor allem die Bedürfnisse der Betagten, Behinderten und Kinder berücksichtigt werden. Der Auftrag ist bis zur Jahresmitte einem anerkannten Verkehrsplanungsbüro zu erteilen. Nach Abschluss der Arbeiten erstattet der Gemeinderat der Gemeindeversammlung Bericht und stellt Antrag über das weitere Vorgehen. Die Autorin begründet diese Initiative mit dem gestiegenen Verkehrsaufkommen, übersetzten Geschwindigkeiten und fehlender Schulwegsicherung. Am Schluss der Begründung wird auf die letzte Geschwindigkeitsmessung durch die Polizei an der Durchgangsstrasse beim Kindergarten verwiesen. Fünfundzwanzig Prozent der Kontrollierten wurden wegen Überschreiten der Höchstgeschwindigkeit von fünfzig Kilometer pro Stunde angezeigt. Die Höchstgeschwindigkeit wurde mit verantwortungslosen fünfundachtzig gemessen.

Nach der Einreichung dieser Initiative orientierte der Verein APJ die Bevölkerung mittels Flugblatt über diesen Schritt, was in der Lokalzeitung diverse Leserbriefe – unterstützende und ablehnende - auslöste. Den Mitgliedern dieses Vereins ist das Echo selbstverständlich recht, ja es wurde aus taktischen Gründen ja auch angestrebt. Je mehr über diese Initiative diskutiert wird, desto mehr Leute werden an die entscheidende Gemeindeversammlung gehen, so ihr Kalkül.

So war es denn auch. Der Gemeindeversammlungssaal war übervoll und die Gemeindeangestellten mussten noch Zusatzstühle aus dem Lager holen, um allen Interessierten einen Sitz-

platz zu ermöglichen. Die überdurchschnittliche Zahl der Stimm-
bürger lässt dem Gemeindepräsidenten keine Zweifel über den
Ausgang der Abstimmung aufkommen. Mit zu vielen unbekannten Gesichtern sieht er sich konfrontiert, wenn er in die Runde
schaut. Ihn macht es hässig, denn für ihn ist offensichtlich, dass
die Demokratie heute manipuliert wird. Er weiss, dass Karl
Schlegel kontern würde mit dem Argument, dies sei der Preis der
direkten Demokratie. Diese sei tatsächlich steuerbar, aber er als
Gemeindepräsident und Mitglied der Freisinnigen Partei wisse ja
auch, dass nicht nur mit der physischen Präsenz politische Ziel
durchsetzbar seien, sondern auch – und dies geschehe weit häu-
figer – mit finanziellen Mitteln, inklusive teurer Propaganda.

Marlies Vonrüti vertritt die Initiative, die einen Kredit für ein
Fachgutachten für die Analyse der Verkehrsprobleme der Gemeinde Dorfkirchen verlangt, sehr locker und sehr sachkundig.
Sie nutzt die offiziellen Statistiken für ihre Zwecke, weist anhand
von Skizzen auf die neuralgischen Verkehrspunkte in der Gemeinde hin und zeigt Lösungsvorschläge auf. Diese sind offensichtlich und die lediglich drei Meinungsäusserungen, die gegen
die Initiative wettern, werden von Mitgliedern des politischen
Dorfvereins APJ überzeugend gekontert.

Die Initiative wird mit rund achtzig Prozent Ja-Stimmen an den
Gemeinderat zum Vollzug überwiesen – ein durchschlagender
Erfolg für die junge politische Dorf-Vereinigung APJ.

Zu Beginn der darauf folgenden Gemeinderatssitzung fällt auf,
dass der Bauvorstand, der oft einen Witz zum Sitzungsanfang -
sehr selten mit sexistischem Einschlag, wie Schlegel anerkennt -,
zum Besten gibt, diesmal verzichtet. Alle Gesichter sind Ernst, ein
Blickkontakt mit Schlegel wird tunlichst vermieden und dieser
hat sich selbstverständlich auch im Griff und setzt eine eher ge-
langweilte Miene auf.

„Nun", beginnt der Präsident, „wir haben einen Verkehrsplaner zu beauftragen. Freddy, ich bitte dich als Bauvorstand, in vierzehn Tagen in unserer Info-Mappe drei Vorschläge mit Referenzen zu legen, damit wir heute in vier Wochen zwei bestimmen und einladen können für eine Vorstellungspräsentation. Bist du einverstanden?"

Das Nicken von Freddy Schuhmacher ist lediglich Formsache, denn es ist für alle Anwesenden ja offensichtlich ein Bauvorhaben. Einzig Schlegel fragt sich, wieso nicht der Polizeivorstand mit dieser Aufgabe betraut werde. Aber darüber eine Diskussion anzuzetteln, kam für ihn überhaupt nicht infrage, denn was soll er jetzt, nach diesem Grosserfolg, solche Nebensächlichkeiten hinterfragen.

Nach der Zuteilung des Planungsauftrags an die renommierte Verkehrsplanungsfirma Hufnagel AG ist es im Gemeinderat still um die Verkehrsberuhigung. Vor allem Gemeinscheiber Bürgi wird mit Fragen und der Nachfrage nach Unterlagen einbezogen. Darüber orientiert er in unregelmässigen Zeitabständen den Gemeinrat. Dieser nimmt diese Kontakte zur Kenntnis und ist überzeugt, das Planungsbüro mache gute Arbeit im Sinne der Auftragserteilung. Schlegel hat seine Gemeinderats-Kollegen orientiert, dass die APJ eine interne Arbeitsgruppe ‚Verkehrsberuhigung' ins Leben gerufen habe, um zu gegebener Zeit die Vorschläge des Planungsbüros zu diskutieren und zu beurteilen.

Als das Planungsbüro alle die aus ihrer Sicht zu ändernden Stellen im Strassennetz eruiert und Massnahmen erarbeitet hatte, legte er diese dem Gemeinderat vor. Vorausschauend hatte der Projektleiter von Hufnagel AG den Gemeindepräsidenten gebeten, eine Sondersitzung zu planen, um das erarbeitete Konzept diskutieren zu können.

Erstaunlicherweise wird das vorgestellt Konzept mit einer einzigen Ausnahme akzeptiert. Die Ausnahme betrifft das Vorderdorf. Dort wird ein Trottoir vorgeschlagen, das die Normalbreite nicht erreicht und an der engsten Stelle nur rund fünfundsiebzig Zentimeter breit ist.

Das Vorderdorf stellt ein neuralgischer Punkt im Dorf dar, denn die dortige Strasse wird als Schleichweg missbraucht, was die Anwohner schon seit Jahren zu Vorstössen an den Gemeinderat bewegte – leider ohne Erfolg. Der Gemeinderat hatte alle Vorstösse mit zum Teil fadenscheinigen Argumenten – gemäss den ‚Vorderdörflern' - abgeschmettert, was zu grosser Frustration bei den Anwohnern der Vorderdorfstrasse führte. Ein grosser Teil der Wähler von Karl Schlegel stammt aus diesem Quartier und entsprechend gross sind auch deren Hoffnungen auf ihn im Gemeinderat.

Schon mehrmals wurde der Gemeinderat vom Planungsbüro über den Fortschritt der Planung einbezogen und zu divergierenden Meinungen kam es nicht – mit der Ausnahme der Gestaltung der Vorderdorfstrasse. Karl Schlegel hatte sich nach der Genehmigung des Kredits für die Erstellung eines Verkehrsberuhigungskonzepts mit der Vorderdorfstrasse auseinandergesetzt und kennt die Entscheide des Gemeinderats zu diesem umstrittenen Strassenabschnitt. Die ‚Vorderdörfer' hatten einen Einbahnverkehr vorgeschlagen, der die Bahnhofstrasse mehr belastet hätte und das wollte der Gemeinderat tunlichst vermeiden, denn dort wäre er auf erbitterten Widerstand der Gewerbetreibenden gestossen. Verkehrstechnisch wäre dies aber eine vernünftige Lösung gewesen, denn die in der Vergangenheit durch Druck der ‚Vorderdörfler' angeregten Verkehrszählung zeigte eine akzeptable Zusatzbelastung der Bahnhofstrasse.

Als im Rahmen der fortschreitenden Behandlung der Verkehrsberuhigungsmassnahmen im Gemeinderat die Vorderdorfstrasse zu Behandlung kam und vom Planungsbüro keine Einbahnstrasse vorgeschlagen wurde, meldete sich Karl Schlegel zu Wort. „Ich weiss, dass in der Vergangenheit mehrere Massnahmen vorgeschlagen wurden, um den Schleichverkehr zu unterbinden oder zu erschweren. Die wirkungsvollste wäre die Umklassierung der Vorderdorfstrasse in eine Einbahnstrasse. Wieso wird dies von Ihnen als Planungsfachleute nicht vorgeschlagen?"

Bevor der Projektleiter von Hufnagel AG, Felix Rumhold, antworten kann, fällt ihm der Polizeivorstand, Kurt Schönfeld, Optiker an der Bahnhofstrasse, wutschnaubend ins Wort: „Diese Variante wurde bereits diskutiert und als absolut untauglich taxiert. Die Verkehrsverlagerung brächte Mehrverkehr in die Bahnhofstrasse und die Einbahnstrasse würde von den dortigen Anwohnern nochmals Mehrverkehr bringen – auch wiederum über die Bahnhofstrasse."

Der Gemeindepräsident versucht beruhigend zu wirken und bittet Projektleiter Rumhold zu begründen, wieso das Konzept Engnisse vorsieht, um damit die Geschwindigkeiten der Fahrzeuge herunter zu bringen.

„Wir haben selbstverständlich auch die in der Vergangenheit vorgebrachten Argumente in diesen seit Jahren umstrittenen Verkehrsabschnitt geprüft. Um den Widerstand der Ladenbesitzer an der Bahnhofstrasse wissen wir selbstverständlich und wir sind überzeugt, dass mit den von uns nun vorgeschlagenen Massnahmen eine echte Verkehrsberuhigung in der Vorderdorfstrasse eintreten wird. Diese Massnahmen sind die bauliche Betonung der jetzt schon vorhandenen Engnisse, der Bau eines schmalen Trottoirs bei der schmalsten Stelle der Vorderdorfstrasse zum Schutz der Fussgänger. Eine weitere mehr psychologische Massnahme ist die Bepflanzung des Strassenrandes mit Bäumen. Damit wird das Gesichtsfeld der Fahrenden eingeengt und die Geschwindigkeit wird automatisch reduziert."

Karl Schlegel bittet ums Wort und erklärt: „Diese Massnahmen sind bestimmt sinnvoll und entschärfen die Situation. Für mich ist dies die zweitbeste Lösung. Ein Aspekt wurde weder früher bei den Anträgen der Bewohner des Vorderdorfs, noch von den ablehnenden Stellungnahmen des Gemeinderats vorgebracht. Ich meine die logarithmische Beziehung von Verkehrslärm und Verkehrsaufkommen". Zum Projektleiter zugewandt fragte er: „Herr Rumhold, glauben Sie nicht, die Geschäftsleute an der Bahnhofstrasse würden den Widerstand über die Verkehrsmehrbelastung aufgeben, wenn man ihnen dieses Faktum erklären würde?"

Rumhold ist leicht indigniert. Mit einer solchen Frage hatte er nicht gerechnet. Selbstverständlich ist ihm als Verkehrsplaner dieser Zusammenhang bekannt, aber er hatte nicht erwartet, mit diesem für die Allgemeinheit nicht leicht zu verstehenden Faktum konfrontiert zu werden. „Ja, dieser Zusammenhang besteht, nur ist es mit Aufwand verbunden, diesen Effekt für die jeweilige Situation zu quantifizieren. Sie können einerseits die logarithmische Beziehung zwischen Verkehrsaufkommen und Lärm theoretisch erklären. Meine Erfahrung ist, dass die Direktbetroffenen dies auch verstehen, aber sie wollen wissen, was es dann konkret bedeutet, das heisst, wie hoch ist die Zunahme des Verkehrslärms und dies ist nur mit Verkehrsmessungen zu bewerkstelligen und diese sind teuer. In unserem Kredit liegen solche Messung nicht drin und dies ist mit ein Grund, wieso wir diesen Vorschlag nicht.........".

Der Vorsitzende unterbricht ihn und fordert: „Spannen Sie uns nicht länger auf die Folter und sagen Sie uns, was es auf sich hat mit diesem Begriff ‚Logarithmus'."

„Unser Gehör arbeitet logarithmisch, das heisst, eine Erhöhung des Lärmpegels um zehn Dezibel entspricht einer Verdoppelung der Lautstärke."

Die offensichtlichen Fragen auf den Gesichtern der Anwesenden beantwortet Karl Schlegel mit der Ergänzung: „Dies bedeutet praktisch, dass eine geringe Zunahme des Verkehrs von den Anwohnern gar nicht festgestellt werden kann. Und dies ist genau die Situation im Verhältnis Bahnhofstrasse zur Vorderdorfstrasse: die relativ geringe Zunahme des Verkehrs in der Bahnhofstrasse durch die Einführung einer Einbahnstrasse durch das Vorderdorf führt zu keiner effektiven Lärm-Mehrbelastung auf der Bahnhofstrasse."

Ob dieser Schlussfolgerung werden alle Augen auf den Fachmann am Tisch gerichtet und dieser bestätigt: „Ja, zu diesem Ergebnis kann man wohl gelangen. Aufgrund der vorgenommenen Verkehrsmessungen und der Schätzung der zu erwartenden relativ geringen Verlagerung kann mit einer kaum wahrnehmbaren Mehrbelastung des Lärms in der Bahnhofstrasse gerechnet werden."

Nachdem Verkehrsplaner Rumhold weitere neuralgische Strassenpunkte und deren Sanierungsvorschläge dargelegt hat, die einzelnen Fragen beantwortet wurden, fragt Gemeindepräsidenten Winiger: „Nachdem wir nun jeden einzelnen Strassenpunkt mit den dazugehörenden Massnamen behandelt haben, frage ich euch, ob es noch irgend ein Thema im Zusammenhang mit dem von Verkehrsplaner Rumhold vorgelegten Konzept gibt?"

„Ich muss nochmals auf die Vorderdorfstrasse zu sprechen kommen," meldet sich Karl Schlegel. „Eine Verkehrsverlagerung mit einer Einbahnstrasse wäre die bessere Massnahme als die jetzt vorgeschlagenen Einzelmassnahmen. Dies ist auch die wohl-begründete Forderung der Arbeitsgruppe der Anwohner der Vorderdorfstrasse, die wir alle kennen."

„Wenn du willst, Karl, können wir nochmals darüber abstim-men. Ich persönlich bin gegen die Einbahnstrasse. Stellst du An-trag, darüber abzustimmen?"

„Ja, bitte", ist die lakonische Antwort von Karl Schlegel. Er weiss genau, dass er unterliegen wird und auch den logarithmi-schen Effekt der Verlagerung auf den Lärm wird niemand zu ei-nem Meinungsumschwung geführt haben. Aber er will nichts un-versucht lassen.

„Wer für die Einführung einer Einbahnstrasse in der Vorder-dorfstrasse ist, zeige dies durch Handerheben." Karl Schlegel hebt als einziger die Hand.

„Wer ist dagegen?" Sechs erhobene Hände zeigen das eindeu-tige Verdikt.

Ohne Umschweife geht nun der Vorsitzende zum Abschluss über: „Wer dem Verkehrsberuhigungskonzept in der nun behan-delten Form zuhanden der Gemeindeversammlung zustimmt, soll dies durch Handerheben zeigen."

Alle sieben Hände bestätigen. Auch Karl Schlegel sieht keinen Grund, dieses von ihm initialisierte Konzept nicht zu unterstüt-zen, denn es bringt die von ihm angestrebten Verkehrsverbesse-rungen. Selbstverständlich wäre die Einbahnstrasse in der Vor-derdorfstrasse die bessere Lösung gewesen, aber deshalb das ganze Konzept, das sehr viele Verbesserungen bringt, abzu-lehnen, wäre einem Schildbürgerstreich gleichgekommen.

Nach dieser Besprechung wird Karl Schlegel anderntags vom Vorsitzenden der Arbeitsgruppe ‚Verkehrsberuhigung Vorder-dorfstrasse, Michael Eberli, angegangen mit der Frage: „Was ist nun gestern bei der Verabschiedung des Konzepts herausgekom-men?"

Karl Schlegel schildert ihm die Situation und Michael Eberli fragt, ab er die Pläne haben könne, denn in ihrer Arbeitsgruppe wollten sie über die Massnahmen für die Vorderdorfstrasse diskutieren. Karl Schlegel willigte nach kurzem Überlegen ein: „Ich habe mir überlegt, ob ich Dokumente des Gemeindates herausgeben darf. Da der Gemeinderat beschlossen hat, wird dieses Geschäft mit der kommenden Gemeindeversammlung nun öffentlich. Damit gibt es kein Geheimhaltungsbedürfnis und ich werde die Pläne an eure nächste Versammlung mitnehmen und euch orientieren."

Als Karl Schlegel die Pläne an die Arbeitsgruppe der Vorderdorfstrasse aushändigte, hatte er nicht mit einer Reaktion seiner Gemeinderatskollegen gerechnet. Anlässlich der nächsten Gemeinderatssitzung machte ihn zuerst die frostige Begrüssung stutzig. Und ganz aus dem Rahmen fiel die emotionale Bemerkung des Bauvorstands: „Jetzt hast du dich aber definitiv ins Abseits manövriert!"

Der Gemeindepräsident eröffnet die Sitzung mit den Worten: „Bevor wir zu unseren ordentlichen Traktanden kommen, muss ich auf unsere letzte Sitzung, die Verabschiedung des Verkehrsberuhigungskonzeptes zu reden kommen. Ich habe erfahren, dass du, Karl, unsere Pläne der Arbeitsgruppe Vorderdorf ausgehändigt hast, was ein eindeutiger Verstoss gegen das Kollegialitätsprinzips ist!"

Karl Schlegel ist perplex. Seiner Meinung nach war es durchaus legitim, die Pläne auszuhändigen an eine Bevölkerungsgruppe, die sich um dieses Sachgeschäft kümmert und zudem hatte ja der Gemeinderat seine Arbeit abgeschlossen. Dies sagte er auch seinen Kollegen. Ihm war aber auch bewusst, dass die Meinungen zu seinem Verhalten gemacht waren. Für sie war der Moment gekommen, ihm eine Retourkutsche zu verpassen, denn er war es ja schliesslich auch, der den Gemeinderat – via Gemeindeversammlungsbeschluss – zwang, etwas gegen den zunehmenden Verkehr zu unternehmen, was ihnen total gegen den Strich ging.

Egon Winiger lässt abstimmen und der Verweis ‚Verletzung des Amtsgeheimnisses', wird mit sechs zu einer Stimme gefällt. Mit eingeschriebenem Brief geht der Disziplinarbeschluss an den Bezirksrat.

Auf diesen hatte Karl Schlegel postwendend Rekurs erhoben mit folgenden Argumenten:

> Es besteht kein Geheimhaltungsinteresse, denn entgegen der Meinung des Gemeinderats untersteht gemäss dem Kommentar Mettler zum Gemeindegesetz nicht alles, was im Rat verhandelt wird, der Geheimhaltungspflicht.
>
> Mit der Verabschiedung der Verkehrsberuhigungsmassnahmen zuhanden der Gemeindeversammlung hatte der Gemeinderat seine Arbeit abgeschlossen und damit wurde dieser Gegenstand öffentlich. Es ist selbstverständlich, dass nicht die Art der Beschlussfassung und auch die im Gemeinderat geführten Diskussionen öffentlich werden, wohl aber die Entscheidungsgrundlagen.
>
> Die Bevölkerung war nach dem Beschluss des Gemeinderats am Diskutieren über die Verkehrsberuhigungsmassnahmen. Die ‚Arbeitsgruppe Vorderdorf' war in der Vergangenheit schon zweimal vom Gemeinderat zu Gesprächen eingeladen worden. Es wurde ihnen auch zugesichert, sie würden über den weiteren Verlauf des Projektes wieder informiert und es wurde ihnen auch mitgeteilt, es würden Projektvarianten ausgearbeitet und die Arbeitsgruppe werde zu gegebenen

Zeit wiederum informiert. Es ist daher nachvollziehbar, dass der Leiter dieser Arbeitsgruppe nach dem abschliessenden Entscheid des Gemeinderats an Karl Schlegel gelangte und nach Informationen fragte.

Für Karl Schlegel ist unerfindlich, weshalb diejenigen, die über eine Vorlage des Gemeinderats zu entscheiden haben, nicht über dieselben Entscheidungsunterlagen verfügen sollen, wie dieser selbst; ,gleich lange Spiesse' müsste doch eine Selbstverständlichkeit sein.

In seiner sechsseitigen Antwort geht der Bezirksrat auf die Argumente des Rekurrenten ein, kommt aber zu folgendem Schluss:

Die von Karl Schlegel ausgehändigten Dokumente seien Variantenstudien des Gemeinderats und nur zum Teil offizielle Akten, die vor der Gemeindeversammlung aufzulegen sind.

Mit der Aushändigung dieser Akten habe Karl Schlegel seine Minderheitsmeinung kundgetan, was gegen das Kollegialitätsprinzip verstosse, denn gegen aussen gebe es nur eine Meinung des Gemeinderats und dies sei die Mehrheitsmeinung.

Die Aushändigung eines gemeinderatsinternes Entscheidungspapiers stellt eine Verletzung der Schweigepflicht dar und der Rekurs gegen den erteilten Verweis wird abgelehnt. Von den denkbaren Sanktionsmassnahmen ist der Verweis die geringst mögliche Strafe und trägt dem nicht allzu schweren Disziplinarfehler Rechnung.

Zwischenzeitlich hat der Gemeinderat zu einer Gemeindeversammlung eingeladen, um die Bevölkerung über die vom externen Verkehrsplanungsbüro erarbeiteten Massnahmen zu informieren und den für die Umsetzung notwendigen Kredit zu beantragen. Der politische Verein APJ hat diejenigen Bürgerinnen und Bürger angeschrieben, die seinerzeit die Einzelinitiative mit Ihrer Unterschrift unterstützt hatten. Wichtig ist deren Präsenz, weil es nun um ‚die Wurst' geht, nämlich das erarbeitete Konzept zu unterstützen und den dazu erforderlichen Kredit zu bewilligen.

Da die Präsenz an dieser Versammlung wiederum keinen Zweifel aufkommen lässt, wie das Abstimmungsergebnis lauten wird, fasst sich der Präsident kurz und gibt nach der Begrüssung und einer kurzen Einleitung dem Präsidenten des Vereins ‚Alternative Politik - Jetzt', Lukas Kübler, der sich bereits gemeldet hatte, das Wort.

„Sehr geehrter Herr Präsident, liebe Mitbürgerinnen und Mitbürger

Ich danke Ihnen im Namen unseres Dorfvereins ‚Alternative Planung – jetzt' für die speditive Erarbeitung des nun vorliegenden Verkehrsberuhigungskonzepts. Wir danken auch den Fachleuten des eingesetzten Verkehrsbüros, der Firma Hufnagel AG und Projektleiter Herr Rumhold für deren kompetente Arbeit. Nach der Bewilligung des Umsetzungskredits wird unser Dorf ein bisschen sicherer sein; unsere alten Mitmenschen, die Mütter mit ihren Kinderwagen, die Schulkinder und die Velofahrerinnen und Velofahrer werden dafür dankbar sein. Ich bitte Sie daher, meine Damen und Herren den beantragten Kredit von fünfundneunzigtausend Franken zu genehmigen. – Vielen Dank."

Nach dieser Meinungsäusserung gibt der Gemeindepräsident Michael Eberli dem Vorsitzenden der Arbeitsgruppe ‚Langsamverkehr Vorderdorfstrasse' das Wort. „Wir von der Vorderdorfstrasse unterstützen diesen Kredit ebenfalls. Mit der vorgeschlagenen Lösung für unser Strassen- und Sicherheitsproblem liegt zwar nur eine Teillösung vor. In unserer Arbeitsgruppe werden wir aber nach Verbesserungen diskutieren und zu gegebener Zeit beim Gemeinderat vorstellig werden."

Das nachstehende Persönlichkeits-Profil wird von Corina Bernegger für Karl Schlegel, einen unbequemen grünen Politiker aufgrund der vorliegenden Dokumente Ihres Urgrossvaters, der Schilderungen ihres Vaters und Ihrer Einschätzung erstellt.

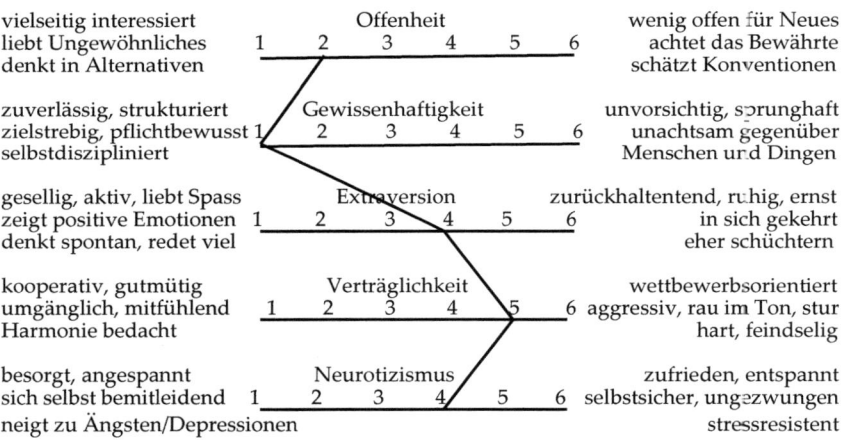

vielseitig interessiert   Offenheit   wenig offen für Neues
liebt Ungewöhnliches   1   2   3   4   5   6   achtet das Bewährte
denkt in Alternativen   schätzt Konventionen

zuverlässig, strukturiert   Gewissenhaftigkeit   unvorsichtig, sprunghaft
zielstrebig, pflichtbewusst   1   2   3   4   5   6   unachtsam gegenüber
selbstdiszipliniert   Menschen und Dingen

gesellig, aktiv, liebt Spass   Extraversion   zurückhaltentend, ruhig, ernst
zeigt positive Emotionen   1   2   3   4   5   6   in sich gekehrt
denkt spontan, redet viel   eher schüchtern

kooperativ, gutmütig   Verträglichkeit   wettbewerbsorientiert
umgänglich, mitfühlend   1   2   3   4   5   6   aggressiv, rau im Ton, stur
Harmonie bedacht   hart, feindselig

besorgt, angespannt   Neurotizismus   zufrieden, entspannt
sich selbst bemitleidend   1   2   3   4   5   6   selbstsicher, ungezwungen
neigt zu Ängsten/Depressionen   stressresistent

Diese Geschichte erlaubt aber noch eine weitere Person zu charakterisieren, nämlich Marlies Vonrüti. Die vorgefundenen Dokumente schildern diese Frau, Mutter von drei Kindern, Vegetarierin, als parteiungebundene Mitstreiterin, die sich nie zu einer Parteizugehörigkeit bekennen konnte, aber ein hohes politisches, ökologisch orientiertes Bewusstsein hatte. Über sie existieren auch viele, zumeist familienbezogene Aufzeichnungen und Fotos, denn sie war Familie Schlegels Familienfreundin und Nachbarin.

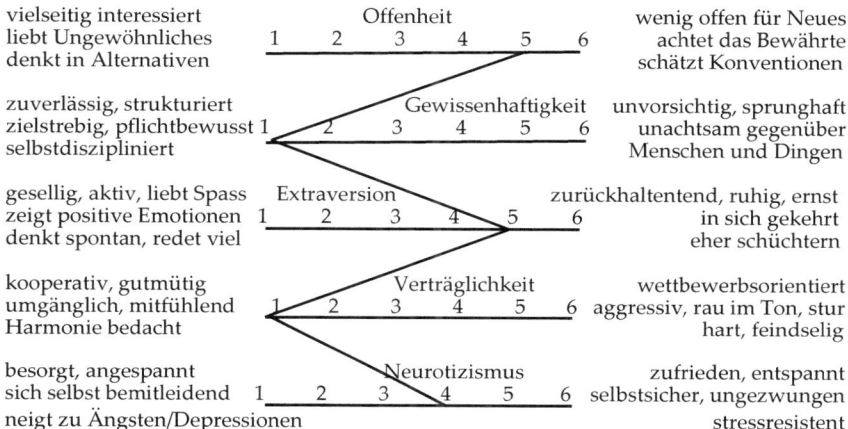

vielseitig interessiert liebt Ungewöhnliches denkt in Alternativen	Offenheit						wenig offen für Neues achtet das Bewährte schätzt Konventionen
	1	2	3	4	5	6	

zuverlässig, strukturiert zielstrebig, pflichtbewusst selbstdiszipliniert	Gewissenhaftigkeit						unvorsichtig, sprunghaft unachtsam gegenüber Menschen und Dingen
	1	2	3	4	5	6	

gesellig, aktiv, liebt Spass zeigt positive Emotionen denkt spontan, redet viel	Extraversion						zurückhaltentend, ruhig, ernst in sich gekehrt eher schüchtern
	1	2	3	4	5	6	

kooperativ, gutmütig umgänglich, mitfühlend Harmonie bedacht	Verträglichkeit						wettbewerbsorientiert aggressiv, rau im Ton, stur hart, feindselig
	1	2	3	4	5	6	

besorgt, angespannt sich selbst bemitleidend neigt zu Ängsten/Depressionen	Neurotizismus						zufrieden, entspannt selbstsicher, ungezwungen stressresistent
	1	2	3	4	5	6	

Der Risikofreudige

„Hier, liebe Corina, habe ich noch spezielle Notizen, nämlich über die Gründung einer Firma für Bioplastik", sagt Alan Bernegger zu seiner Tochter. Sie haben sich schon seit rund zwei Wochen nicht mehr gesehen, denn er ist sehr engagiert beim Vollzug der Umsetzung des Wiedereintritts von England und Wales in die EU und pendelt zwischen London und Berlin hin und her. Die Masterarbeit seiner Tochter ist ihm wichtig, aber sein Broterwerb kommt halt an erster Stelle.

„Ich erinnere mich noch gut an die Gespräche, die meine Mutter mit ihrem Bruder, meinem Götti hatte……." Den Kopf gesenkt und ganz gedankenversunken versucht er offensichtlich seine Erinnerungen zu ordnen.

„Was ist denn speziell an diesen Notizen"? will Corina wissen.

„Als mein Götti Roland ungefähr fünfunddreissig Jahre alt war, es muss in ungefähr meinem Geburtsjahr 2010 gewesen sein, sprach er seinen Vater, meinen Grossvater, auf die eklatante Meeresverschmutzung mit Plastik an…."

Alan Bernegger erzählt seiner Tochter wie sein Götti über die Nachrichten über diese Plastikabfälle sehr betroffen war und seinem Vater sagte, er wolle etwas dagegen tun. Die Lösung aus ihrer Diskussion war der Vorschlag, den Jugendfreund von Alans Grossvater, der gleichzeitig Rolands Götti war, auf die Gründung einer Firma für Bioplastik anzusprechen. Dieser Götti, mit Namen Samuel Geering, stammt aus einer Bauernfamilie, war SVP-Kantonalpolitiker, ein Hardliner in Finanzangelegenheiten und verfügte über einiges Kapital.

„Ich bin mir nicht sicher," sagt Rudolf Bernegeer zu seinem Sohn Roland „ob sich Sämi motivieren lässt. Er kennt sich wohl in Finanzfragen gut aus, aber ob er sich in ein grünes Unterfangen einspannen lässt, bezweifle ich eher."

„Lass uns doch den Versuch wagen, Vätsch", war die Antwort von Roland zu seinem Vater. „Er hat doch eine gut laufende Sanitär-Firma und hat bestimmt einiges gespart. Und wenn er mit mir, seinem Götti-Bub, ein Geschäft gründen kann, könnte ihn dies doch motivieren. Ruf ihn doch bitte an".

Dem Drängen seines Sohns konnte sich Rudolf Bernegger nicht entziehen. Er hatte seinen Jugendfreund wohl schon über ein Jahr nicht mehr gesehen und gesprochen. Ein Treffen war aber schnell arrangiert, denn Samuel Geering ist sehr daran interessiert sein Patenkind Roland wieder einmal zu treffen. Da er wenig Zeit hatte wegen eines pendenten Auftrags, lud er die beiden zu sich an seinen Wohnort Blattelfingen in das dortige Gourmet-Restaurant zum Mittagessen ein.

„Abgemacht, Ruedi", war die kurz gefasste Bestätigung am Telefon. „Wir treffen uns am Donnerstag, 12. März, um 1230 Uhr, im Hirschen. Ich freue mich, euch beide wiederzusehen und insbesondere Roland wieder einmal zu treffen; ich bin gespannt, was er mir alles erzählen wird."

Sie werden am abgemachten Datum vom Wirt freundlich empfangen und die beiden Bernegger werten dies als Zeichen, dass ihr Gesprächspartner offensichtlich in diesem Lokal Stammgast ist. Die Begrüssung unter den alten Freunden ist herzlich und es ist offensichtlich, dass sich die beiden Jugendfreunde auch heute noch sehr gut verstehen, auch wenn sie sich weltanschaulich voneinander entfernt haben. Die Essensempfehlung des Wirts wird allseits akzeptiert. Samuel hakt auf den Vorschlag des Gastgebers nach und klärt seine beiden Gäste auf dessen hohen Rang auf: „Bruno sagt von sich, er sei Brigadier. Wenn er dies erstmalig seinen Gästen kundtut, sind diese allesamt sehr erstaunt und er stellt sogleich auch wieder die Realität her, indem er darauf hinweist, dass er als Küchenchef eine Küchen-Brigade ‚befehlige‘". Auch diesmal wird dieses Bonmot mit Ruedis und Rolands amüsantem Grinsen belustigt quittiert.

Nachdem sich Samuel über Rolands aktuelle Berufssituation ins Bild gesetzt hat, kommt er direkt auf den Zweck des Besuchs zu reden: „Rolli, du hast dich ja in deinem Studium an der ETH in deinem Beruf als Ingenieur bestens etabliert, lebst sorgenfrei und ich kann mir gar nicht vorstellen, dass dich irgendwo der Schuh drücken kann."

Roland Bernegger wird ob dieser Beurteilung beinahe verlegen und erwidert: „Ja, Götti, ich bin sehr zufrieden mit meinem Leben, aber Folgendes macht mich sauer und ich will etwas dagegen tun: Die Meeresverschmutzung mit Plastik. Ich weiss nicht, wie weit du schon davon etwas gehört hast. Mich bewegt diese Gedankenlosigkeit und ich will eine Firma gründen, die etwas gegen die erdölbasierte Plastikflut in unserem Leben unternimmt."

Die Nichtbegeisterung steht Samuel Geering aufs Gesicht geschrieben. Er als SVP-Politiker soll sich für ein grünes Anliegen eisetzten? Vermutlich will sein Göttibub Geld, denn in diesem Alter hat man ja noch keine Ersparnisse und eine Familie mit zwei Kindern frisst doch den gesamten Monatsverdienst weg.....

Rollis Worte reissen ihn aus seinen Gedanken. „Weisst du Götti, dies ist ein internationales Thema an dem auch wir Schweizer ohne Meeresanstoss direkt über unsere Flüsse, die sich in die Meere ergiessen, beteiligt sind. Uns allen ist klar, dass wir nicht die Grossverursacher sind, aber....."

„Ich verstehe schon, dass dies ein Thema sein kann", sagt ein sichtlich enttäuschter Samuel Geering. Er hatte etwas anderes erwartet und nicht so ein grünes Anliegen, von denen er während seiner Parlamentstätigkeit die Nase voll hat. Immer glauben diese Ökologen, es sei Weltuntergang und sie wollen einfach nicht wahrhaben, dass in einer freiheitlichen Ordnung, wie wir sie kennen, die Technik immer wieder Lösungen gefunden hat und finden wird.

„Weisst du Rolli, wir sind das innovativste Land auf dieser Welt und wir – und selbstverständlich auch andere Länder mit ihren zum Teil hervorragenden Forschungsinstitutionen -, wir finden über kurz oder lang technische Lösungen für alle Probleme."

„Genauso eine innovative Lösung schwebt mir vor. Ich möchte Trinkflaschen herstellen, die gänzlich aus nachwachsenden Ressourcen bestehen und...."

„Was meinst du mit 'nachwachsenden Ressourcen'?", unterbricht Geering.

„Das können beispielsweise Algen oder Zuckerrohr sein. Fortschrittliche Frauen tragen zum Beispiel schon heute Kleider aus Milchrückständen. Bioplastik hat eine grosse Zukunft und diesen Zug will ich nicht verpassen. Leider fehlt mir das nötige Kleingeld und ich dachte.....".

„Es liegt nicht am nötigen Kleingeld, mein lieber Roland", unterbricht Geering. „Ich würde dir gerne finanziell unter die Arme greifen, aber wenn ich mich mit einem so grünen Vorhaben engagiere, kann ich mich ja als SVP-Politiker gar nicht mehr auf die Strasse wagen", sagt dies und relativiert seine Äusserung mit einem leicht süffisanten Lächeln. „Wisst ihr, ich gelte als Finanzhardliner und bin bei den ökologisch ausgerichteten Parteien deshalb verschrien."

„Wenn du schon ein schlechtes Image hast bei den grünen Parteien, dann könntest du ja gerade mit einem grünen Engagement deinen, wie du meinst, schlechten Ruf aufpolieren," suggeriert ihm Roland. Er will ja seinem Götti keine Ratschläge erteilen, aber dieser Gedankenblitz will er ihm nicht vorenthalten. Und er hat sein Ziel mit diesem Hinweis nicht verfehlt, denn er sieht, wie der Adressat ins Grübeln kommt.

„Es geht nicht um sehr grosse Summen, Götti", doppelt Roland nach. „Ich dachte, ich würde fünfundzwanzigtausend Franken aufbringen und du denselben Betrag für die Gründung einer Aktiengesellschaft und….."

„Ja, ja, ich weiss, für die Gründung einer AG braucht es Hunderttausend und davon muss die Hälfte liberiert werden. Was brauchst du denn sonst noch?"

Roland frohlockt innerlich. Offensichtlich sieht sein Götti doch auch für ihn eine Profilierungsmöglichkeit in einem für ihn nie gedachten Bereich. Ihm käme dies eigentlich ganz gelegen, denn anlässlich der letzten Fraktionssitzung haben zwei Ratskolleginnen darüber referiert, dass man den ökologischen Parteien insbesondere im Bereich der Bio-Landwirtschaftspolitik das Feld nicht unwidersprochen überlassen könne. Wenn er nun ein bisschen von seinem harten ‚Finanz-Image' wegkommen könnte, wäre dies für ihn auch im Hinblick auf die kommenden Wahlen in einem Jahr gar nicht so schlecht……

Geering wird in seinen Gedanken von Roland mit den Worten unterbrochen: „Ich habe mit meinem Freund, einem Chemiker, einen Businessplan erstellt. Dieser sieht im ersten Geschäftsjahr bei einem reduzierten Beschäftigungsgrad von uns beiden ein Anfangskapital von weiteren hunderttausend Franken vor. Wir beide würden von zu Hause aus arbeiten, bräuchten keine Büroräumlichkeiten und hätten auch sonst minimale Büro-Aufwendungen."

Roland sieht, dass sein Götti nach anfänglicher Distanz doch an diesem Plan Gefallen finden könnte......

„Ich denke, man muss junge Leute, wenn Sie sich engagieren wollen, unterstützen. Was meinst du, Ruedi?"

„Selbstverständlich mache ich auch mit, Sämi. Wie du aber weist, ist meine Liquidität beschränkt und dies ist auch der Grund, wieso ich Rolli empfohlen habe, mit dir zu reden," antwortet ein bisschen kleinlaut Ruedi Bernegger. Offenbar wäre es ihm lieber gewesen, er hätte seinem Sohn ohne aussenstehende Unterstützung helfen können.

„Wenn ich mich finanziell engagiere, müssen nachfolgende Bedingungen gegeben sein."

Während er dies sagt, zieht es aus seiner Brusttasche einen Merkzettel und zitiert daraus:

„Wer steht hinter dem Geschäft und welchen Leistungsausweis kann vorgelegt werden? Investiere nur in ein Start-up, wenn das Geschäftsmodell Sinn macht, nachvollziehbar und skalierbar ist. Welche Assets (beispielsweise Patente) existieren und wer ist Eigner? Investiere nur dann in ein Start-up, welches mindestens zwölf Monate auf Salär Zahlungen verzichtet. Investiere nur dann in ein Start-up, wenn keine Vorleistungen als Aktiven in der Bilanz aufgeführt werden. Es muss Transparenz gelten. Neben einem Businessplan muss auch eine Risikoanalyse vorhanden sein. Wer sind die anderen Kapitalgeber?"

Samuel macht ein ernstes Gesicht während er die für ihn offensichtlich ‚heiligen‘ Investitionsgrundsätze vorliest.

„Ich bin jetzt besonders formal, insbesondere auch deshalb, weil wir an unserem Tisch ja auch junge, zukünftige Unternehmer haben. Ich weiss wovon ich rede, denn ich bin auch schon mal – in jungen Jahren – Konkurs gegangen und will dies dir, lieber Rolli, ersparen.“

„Ich bin sehr froh, dass ich von deiner Erfahrung profitieren kann“, setzt Roland fort. „Wie ich erwähnt habe, wollen wir, mein Jugendfreund Sebastian und ich, dieses Geschäft mit dem Namen CH-Bioplastik AG aufbauen. Ich reduziere mein Arbeitspensum um fünfzehn und Sebastian um fünfundzwanzig Prozent. Beide verzichten vorerst auf einen Lohn. Trotz geringeren Lohneinnahmen bringen wir unsere Familien durch, rechnen aber damit, dass wir im Verlauf dieses Jahres ein Patent anmelden können. Kapitalgeber sind wir beide, mein Vater mit rund fünfundzwanzigtausend Franken und – und das ist auch meine Frage an dich -, du mit einem Darlehen von hunderttausend Franken. Für den Gründungsakt braucht es ja bekanntlich drei Personen……“.

Geering unterbricht den begeisternden Redeschwall seines Gegenübers. „Du scheinst ja sehr überzogen zu sein von eurer Geschäftsidee. Das ist gut so, aber auf was für Perspektiven beruht dein Optimismus?“

Roland hat diese Frage erwartet und er berichtet von seinem Freund, der in einer Firma arbeitet, die Kunststoff auf traditioneller Erdölbasis herstellt. Dessen Chef ist fortschrittlich denkend und mit der Reduktion des Arbeitspensums von Sebastian einverstanden, auch wenn er eine ‚Konkurrenzfirma‘ aufbauen will. Im Rahmen seiner Tätigkeit hat er auch Kontakte zu Universitäten und sieht, dass im Bereich von Biokunstoffen einiges läuft.

Mit folgendem Schlusssatz will er seinen Götti endgültig überzeugen: „Neue Erkenntnisse im Markt umzusetzen ist das Ziel mit der neuen Firma und wir sind überzeugt, dass uns dies auch gelingen wird!"

Samuel Geering ist in sich eingekehrt und sinniert vor sich hin. Es tönt interessant und unternehmerisch, was er von seinem jungen Vis-à-vis hört. Insgeheim beneidet er seinen alten Jugendfreund um diesen dynamischen Sprössling. Wichtig ist für ihn die Risikoabschätzung. Diese hunderttausend Franken sind nicht das Thema. Ihm geht es um seine Reputation als SVP-Politiker…..

Als könnte sein Jugendfreund Ruedi seine Gedanken lesen, wirft dieser folgendes Argument in die Runde: „Auch SVP-Politiker können sich für grüne, unternehmerische Anliegen einsetzten. Der menschgemachte Klimawandel ist ein Faktum und politisch wird dir ein finanzielles Engagement wohl niemand verübeln. Du bist ja nicht im Verwaltungsrat……"

Geering versinkt wieder in seine Gedanken und überlegt sich, wieso er eigentlich nicht ein solches VR-Mandat annehmen soll. Seit Jahren wird er als Finanz-Hardliner angesehen. Mit einem solchen Mandat könnte er doch von diesem Image ein bisschen abrücken…..

„Wunderbar, Götti, du wirst VR-Präsident……", unterbricht ihn ein entzückter Roland Bernegger.

„Nein, nein, ganz bestimmt nicht", wendet sich Gering von seinen Gedanken ab. „Ich bin einverstanden mit den Hunderttausend, aber nicht mit einem VR-Mandat – Basta."

Roland frohlockt innerlich. Er hat nie und nimmer daran gedacht, dass sein Götti auch im VR sein könnte. Zu sehr hat er sich darauf konzentriert, ihn für ein Darlehen zu gewinnen. Mit dem Erreichten ist er mehr als zufrieden und auch dankbar.

„Ich danke dir für deine Grosszügigkeit. Du hilfst uns enorm und wir werden dein Engagement rechtfertigen."

Geering ist sich bewusst, dass er ein finanzielles Risiko eingeht, aber er ist sich gewohnt, mit Risiken umzugehen. „Ich wünsche dir und deinem Freund alles Gute und freue mich auf eure Berichterstattungen."

Basierend auf den überlieferten Unterlagen ihres Ur-Grossvaters und den Schilderungen ihres Vaters erstellt Corina Bernegger über Samuel Geering, ein eher risikofreudiger Unternehmer, dessen nachstehendes Persönlichkeits-Profil.

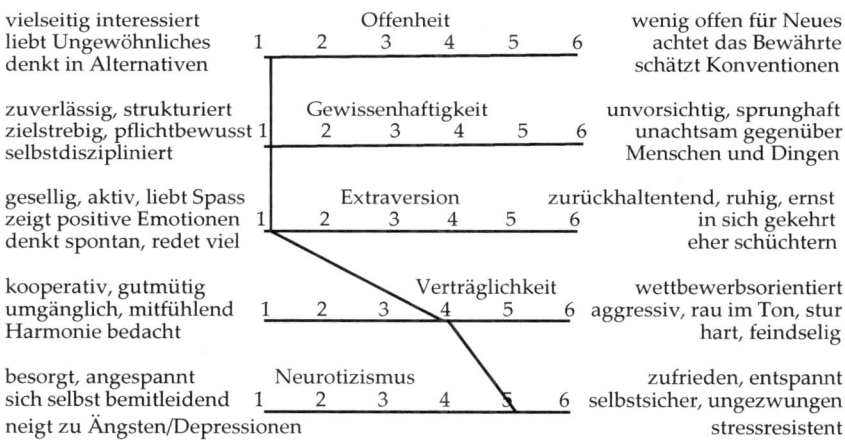

John Muir – der Pionier der Pioniere

„Hier habe ich etwas ganz Besonderes, Corina." Alan Bernegger weist auf zwei Bücher hin, die er aus dem hintersten Winkel der Truhe seines Grossvaters entnommen hat.

„Auf dieses", und er weist auf ein verblasstes Buch mit dem Titel ,Camenisch, der Öko-Terrorist' hin, „komme ich später zurück."

Indem er seinen Zeigefinger auf das Buchdeckblatt des anderen Buchs setzt, weist er mit einem Unterton der Bewunderung und auch mit einer gewissen Bestimmtheit auf den Namen John

Muir. „Dieser Mann ist einer der grössten Pioniere der Ökologiebewegung. Ich hatte diesen Namen schon einmal von meinem Freund Jacob gehört, von dem du ja auch ein Charakterprofil erstellt hast. Der Hinweis von Jacob auf John Muir ist schon lange her, aber irgendwie musste mir die Erzählung über diesen Charakterkopf Eindruck gemacht haben, denn sonst hätte ich mich wohl nicht sofort wieder an diesen Namen erinnert, als ich dieses Buch entdeckt hatte."

Corina lässt sich von der Ernsthaftigkeit ihres Vaters beeinflussen. „Ich werde dieses Buch lesen und werde ein Profil dieses Mannes erstellen."

Verfasser des Buchs mit dem Titel ‚Die Universität der Wildnis' ist Dieter Steiner. Nach seiner Emeritierung als Professor für Quantitative Geographie und Humanökologie an der ETH Zürich hatte er dieses Buch im Jahr 2011 veröffentlicht – also vor rund sechzig Jahren.

In den USA gilt John Muir als ‚legendär', wird als Naturforscher und ‚Propheten der Wildnis' bezeichnet und gilt als Begründer einer Naturschutzpolitik in den USA.

Muir, der im Jahre 1838 in Schottland geboren wurde, emigrierte mit seinen streng religiösen Eltern und sieben Geschwistern im Jahr 1849 in die USA, wo er 1914 verstarb.

Ein erstes Mal manifestierten sich Muirs Naturschutzgedanken, als er von seinem Schwager ein Stück Seewiese abkaufen wollte. Die darin blühende Blumenpracht sollte vor dem Viehfrass mit einem Zaun geschützt werden, was seinem Schwager gar nicht gefiel, denn der Wiesenertrag stand für ihn im Vordergrund. Muir, dem ein respektvoller Umgang mit der Natur schon früh ein wichtiges Anliegen war, wies seinen Schwager auf die prächtigen Lilien und Orchideen hin, die es zu schützen gelte. Diese Hinweise verfingen bei seinem Schwager jedoch nicht und er verweigerte Muir den Kauf.

Muirs Affinität zur Botanik zeigte sich auch in seinem Ehrgeiz, die ‚Nymphe des Nordens' zu finden. Er hatte von dieser seltenen Orchidee gehört und wollte sie unbedingt auch einmal gesehen haben. Bei seiner Reise nach Kanada und nach einem tagelangen Marsch entlang und durch Sümpfe hatte er schon resigniert, als er unvermittelt auf einer offenen Fläche aus gelbem Moos neben einem modernden Baumstamm die seltene, weisse Orchidee entdeckte. Später kommentierte er seinen Fund und schloss mit ‚Ich sass neben ihr und weinte vor Freude!'

Dieses Erlebnis hatte eine grosse Bedeutung für Muir, denn mit diesem Fund wurde ihm offenbart, dass jede Pflanze ein Existenzrecht hat, unabhängig, ob sie für uns Menschen einen praktischen Nutzen hat. Der Klassierung gewisser Pflanzen als ‚Unkräuter' stand er fortan skeptisch gegenüber.

Den Pflanzen galt Muirs besonderes Augenmerk. So beeindruckten ihn auf seinem langen Fussmarsch von Wisconsin nach Florida in Kentucky die grossartigen Eichenwälder. Er freute sich aber auch an Farnen und Blumen und botanisierte die schönsten Exemplare. Doch er konnte die Pflanzenwelt auch als bedrohlich empfinden und so schrieb er in seinem Tagebuch, wie er sich in Tennessee in den schrecklichen Brombeeren verirrt habe und von diesen wie von wilden Katzen gekratzt worden sei.

Als ihm eines Tages eine Broschüre in die Hand kam, die die Naturwunder der Sierra Nevada beschrieben, beschloss John Muir, dorthin, nach Kalifornien, zu gehen, was er auch in die Tat umsetzte. Von dieser Sierra Nevada, beleuchtet von der Sonne, war er derart angetan, dass er sie fortan ‚Bergkette des Lichts' nannte.

Immer wieder suchte Muir die Wildnis, die Einsamkeit. Diese fand er auch in Kalifornien und durchwanderte deren Täler: Vom San José-Tal – dem heutigen Silicon Valley - über den Pacheco-

Pass zum Central-Valley. Von der Blumenpracht und dessen Hintergrund mit den schneebedeckten Bergen war er ganz berauscht. Dieses Erlebnis bezeichnete er dann rückblickend auch als eines der schönsten Landschaftsbilder, das er in seinem Leben je gesehen hatte. Dies mag wohl auch damit zusammenhängen, dass Muir das Sonnenlicht als Quelle der Farben und der Wärme, ja des Lebens, empfand.

Seine Suche nach Wildnis führte ihn in tagelangen Märschen ins Yosemite-Gebiet und die High Sierra. Dort bestieg er auch den 3'000m hohen Mount Hoffman und war begeistert von der Erhabenheit der dortigen Berge und ganz besonders auch von der Vielfalt der dortigen Baum- und Pflanzenwelt sowie den prächtigen Wasserfällen.

Im Yosemite-Tal hatte er auch Indianer angetroffenen. Muirs Einstellung zu ihnen ist ambivalent. Er hatte weder in Wisconsin noch in Kalifornien Gelegenheit, mit Indianern in Kontakt zu kommen, die noch ihre herkömmliche Lebensweise pflegten. In Wisconsin waren sie vor Jahren schon vertrieben worden. Für einzelne Individuen, die noch herumstreiften, waren die Farmen der Weissen Orte, wo man offen hinging, um zu betteln, oder heimlich, um ein Tier zu stehlen. Auch das Yosemite-Tal war zu Muirs Zeit praktisch ,indianerfrei'. Es hatte in den 1850er Jahren Konflikte mit Goldsuchern gegeben, worauf ein Bataillon Soldaten aufgeboten wurde, um die Indianer einzutreiben und in ein Reservat abzuschieben. Muir schloss aus der Feststellung, dass die Lebensweise der Indianer kaum Spuren in der Landschaft hinterlassen hatte – im Gegensatz zu dem, was die Weissen anrichteten –, dass sie offenbar sehr naturnah und -verbunden gewesen sein mussten. Dies bewunderte er. Von den Indianern aber, die er antraf, fühlte er sich zutiefst abgestossen, weil sie ziemlich verlumpt und verdreckt daher kamen. Natürlich war ihre Kultur zerstört worden und die noch frei Herumstreifenden kämpften um das Überleben. Muir fand es im Grunde bedenklich, dass er so negative Gefühle gegenüber Mitmenschen entwickeln konnte. Er dachte: Vielleicht, wenn ich sie besser kennen würde … Es war dann später in Alaska, wo er mit dortigen Indianern Kanureisen unternahm, wo er ihnen tief empfundene Wertschätzung entgegen brachte. Die Kultur der Nordwestküsten-Indianer, in diesem Fall die Tlingit, war noch weitgehend intakt. Kulturbeeinträchtigend wirkte einerseits die christliche Mission, die bei Ihnen weltanschauliche Verunsicherungen auslöste, und anderseits das von den Weissen eingeführte ‚Feuerwasser', das hier und dort für Unheil sorgte. Die mit Muir reisenden Indianer entpuppten sich als wertvolle Kameraden und Helfer, tüchtig in allem, was sie taten, und natürlich bestens mit der Natur der Gegend vertraut.

Muirs handwerkliches Talent zeigte sich, als er vom dortigen Hotelier, der als erster das touristische Potential des Yosemite-Tals erkannte, den Auftrag bekam, den begonnen Bau einer Sägerei, die nicht richtig funktionierte, zu beenden, was Muir auch hervorragend bewerkstelligte. Die nun funktionierende Sägerei erlaubte es, das Hotel zu erweitern. Die zunehmende Zahl anreisender Touristen motivierte Muir, sich als Touristenführer zu betätigen und sein umfassendes Wissen über die überwältigende Natur dieser Gegend weiterzugeben.

Fasziniert war er auch von der Vergletscherung. Muir machte sich Gedanken über die Entstehung der Täler in diesem Gebiet und kam aufgrund seiner Beobachtungen zum Schluss, dass es hier einst eine Glazialperiode gegeben haben musste. Es war dann für ihn auch ein grosser Moment, als er in der High Sierra als Überbleibsel tatsächlich noch einen kleinen Gletscher entdeckte. Auf seinen Erkenntnissen basierend formulierte er eine Glazialtheorie. Diese gab er auch einem Geologie-Professor des Massachusetts Institute of Technology (MIT) bekannt, der vom

Wissen Muirs so angetan war, dass er ihm einen Lehrstuhl anbot. Dieses Angebot lehnte er ab, aber das Treffen mit diesem Universitätslehrer war der Beginn von Muirs wissenschaftlicher Schreibtätigkeit. Die von ihm verfassten Berichte wurden von mehreren Zeitschriften veröffentlicht und er konnte mit seiner Schreibarbeit seinen Lebensunterhalt verdienen. Daraus entwickelte sich für ihn ein neuer ‚Beruf‘, eine neue Tätigkeit: Apostel der Natur. Schon damals sah er, wie es die Menschen mehr und mehr in die Städte zog und diesem Trend wollte er mit der Vermittlung der Schönheiten der Natur entgegenwirken.

Ein besonderes Ereignis prägte ihn zum Naturschützer: Tief beeindruckt war Muir von den Sequoia-Baumgiganten, den sog. ‚Mammutbäumen‘, den weltweit grössten Lebewesen. Als er wieder einmal ins Yosemite-Tal zurückkehrte an den Ort, wo der damals grösste Mammutbaum wuchs, musste er feststellen, dass Besucher Erinnerungsstücke vom Stamm herausgeschnitten und Vornamen hineingehauen hatten, was ihn furchtbar erzürnte. Geradezu ausser sich war er als er zwei Jahre später feststellen musste, dass der benachbarte, riesige Mammutbaum gefällt wurde mit dem Ziel, ihn an die Weltausstellung in Philadelphia zu verschiffen, um ihn den dortigen Ausstellungsbesuchern zu zeigen. Diese beiden negativen Erlebnisse waren wohl prägend für seinen zukünftigen Weg als Naturschützer.

Nach seiner Heirat als 42-Jähriger wurde Muir über seine Schwiegereltern, einen Freund und dann vor allem der für Naturschutzfragen aufgeschlossene Herausgeber des ‚Century Magazine‘, mit denen er politische Diskussionen führte, mehr und mehr mit politischen Fragen konfrontiert; diese animierten ihn, politisch aktiv zu werden. Mit letzterem zusammen heckte Muir verschiedene politische Kampagnen aus.

Inspiriert wurde er auch von den Schriften des Sozialphiloso-
phen John Ruskin. Dessen zentrale Aussage war: Umweltzerstörung sei nicht die Folge von Gier, sondern resultiere aus den
Mängeln des Wirtschaftssystems. Für Muir war offensichtlich,
dass der individualistische Kapitalismus die Natur nicht schützen konnte. Neben diesen theoretischen Einsichten kam Druck
aus der Bevölkerung, indem Muir als Anführer einer Bewegung
von Leuten gesehen wurde, die die Wälder schützen wollten.

Für Corina Bernegger ist erstaunlich, dass sich schon vor rund
zweihundert Jahren in Kalifornien eine politische Bewegung entwickelte, die sich gegen das Patronage-System wandte. Noch er-
staunlicher ist für Sie, dass auch heute noch diese Art eines Kli-
entelsystems nicht überwunden ist. Sie findet es, wie damals auch
Muir und seine Mitstreiter, undemokratisch, dass siegreiche Parteien Regierungs- und Verwaltungsposten an deren Anhänger
vergeben können.

Muirs Leben in Kalifornien fiel in eine Zeit des rasanten land-
schaftlichen Wandels. Die Bevölkerung wuchs rapide und die
Ausdehnung landwirtschaftlich genutzter Flächen schritt in ho-
hem Tempo voran. Dieser Veränderung konnte Muir nicht tatenlos zusehen und mit Gleichgesinnten entwickelte er Vorstellun-
gen über die Errichtung eines Nationalparks. Ein Volksvertreter
Kaliforniens reichte dann im Jahr 1890 im Repräsentantenhaus einen Gesetzesvorschlag für die Errichtung eines Yosemite-Natio-
nalparks ein. Um die öffentliche Meinung zu beeinflussen, waren
er und Gleichgesinnte in verschiedenen Zeitungen und Magazi-
nen aktiv. Auch Experten verschiedenster Wissensgebiete wie
Forst, Boden, Klima, Bewässerung sowie die sich für den Touris-
mus engagierende Southern Pacific Railway setzten sich für die
Schaffung dieses Nationalparks ein. Das gemeinsame Engagement führte zu einen durchschlagenden Erfolg. Neben dem Repräsentantenhaus verabschiedete auch der Senat das Gesetz und

schuf damit den beinahe viertausend Quadratkilometer grossen Yosemite-Nationalpark.

Diese Kampagne definierte ein Muster, das in Zukunft – weltweit – zu einem Standard wurde: Auf der einen Seite stehen die Bewahrer, zumeist Amateure, die viel Zeit, Wissen und eigene finanzielle Mittel aufwenden. Diese werden dann von Umweltverbänden unterstützt. Auf der anderen Seite stehen Wirtschaftsvertreter, die das fragliche Gebiet für ihre Zwecke nutzen wollen, unterstützt von deren Lobby-Verbänden.

Auch wenn sich in der Folge auch Misserfolge bei der Schaffung von Nationalpärken einstellten, wuchs die Zahl von Menschen, die sich dem Naturschutz verschrieben hatten. Deshalb war es nur folgerichtig, dass sich diese Leute für ihr Wirken auch eine offizielle formale Struktur gaben und den Verein ,Sierra Club' gründeten mit den expliziten Zielen Erholung, Erziehung und Naturschutz.

Corina ist fasziniert von der Lebensgeschichte dieses aussergewöhnlichen Menschen und Naturschützers John Muir. Das wohl Interessanteste bei Muir ist, wie er sich vom religiösen Fundamentalismus seines Vaters lösen konnte und zu einer befreienden, persönlich geprägten naturreligiösen oder spirituellen Haltung fand. Als Kind hatte er unter der Knute des Vaters den grössten Teil der Bibel auswendig lernen müssen. Davon hatte er definitiv genug. Er kam zum Schluss, das Göttliche lasse sich bei der Betrachtung einer Landschaft besser erkennen als in den Botschaften der Bibel. Einmal schrieb er an seinen Bruder, er sei seit seinem Fortgang zuhause nie mehr in einer Kirche gewesen, aber das Yosemite-Tal könnte ja eine Kirche genannt werden; die Wälder seien ,Gottes erste Tempel'. Und er hatte in diesem Zusammenhang durchaus auch Humor. Dem Vater, der ihn in einem

Brief wieder mal gemassregelt und gesagt hatte, seine Bergsteigerei sei des Teufels, antwortete er: „Vater mache Dir keine Sorgen. - Der Teufel steigt nie höher als bis zur Waldgrenze."

Nach dem Lesen dieses Buchs fasst Corina den Charakter dieses streng religiös erzogenen, hageren, mittelgrossen, vollbärtigen Mannes mit folgenden Worten zusammen: neugierig, wagemutig, physisch und psychisch belastbar, nicht nur naturverbunden, sondern naturliebend, gesellig, belesen, arbeitsam, sparsam, offen für Neues, erfinderisch, Naturschützer, weitgereist und intelligent – und zeitlebens auf der Suche nach sich selbst. Im Laufe des Studiums des Buches musste sie erfahren, dass Muir einen sehr vielseitigen Charakter hatte und dass es schwierig sein wird, ein Profil seiner komplexen Persönlichkeit zu erstellen. Sie behilft sich, indem sie sich auch mit den in diesem Buch aufgeführten Originalschriften über Muir auseinandersetzt.

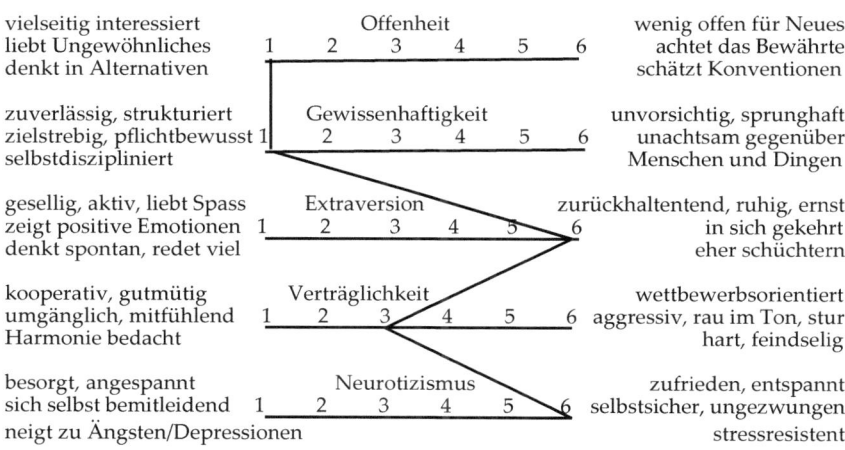

Der unbeugsame Öko-Terrorist

„Ein weiteres interessantes Buch hat uns dein Urgrossvater hinterlassen, liebe Corina", sagt Alan Bernegger zu seiner erwartungsvoll dreinschauenden Tochter. „Ich denke, diese Geschichte hatte mein Grossvater deshalb interessiert, weil er das weite Spektrum der Charaktere aufzeigen wollte, die sich zu seiner Zeit für Umweltanliegen einsetzten. Ich bin gespannt, wie du den Charakter dieses vor rund hundert Jahren verurteilten Öko-Terroristen wertest, er heisst Marco Camenisch."

Autor dieses Buchs ist Kurt Brandenberger, damaliger Redaktor und Reporter bei Tageszeitungen, beim Schweizer Fernsehen, bei ‚Das Magazin', bei ‚Die Weltwoche' und bei ‚Facts'. Zudem war er Lehrbeauftragter an der Zürcher Hochschule für Angewandte Wissenschaften und am Bildungszentrum für Erwachsene ‚Bize'. Brandenberger besuchte Camenisch während drei Jahren im Zuchthaus, traf dessen Tochter und Ehefrau und hatte auch mit Lehrern und Freunden über diesen politischen Überzeugungstäter gesprochen.

Angesprochen, wie er sich ein glückliches Leben vorstelle, antwortete Camenisch: „Ein gemeinschaftliches Leben mit ganzheitlichen Menschen, in einer intakten Umwelt, gemeinschaftliche Selbstbestimmung in gegenseitiger Unterstützung, Wehrhaftigkeit und Fähigkeit zur Konfliktlösung, zum Zusammenhalt und zum Schutz der Gemeinschaft. Würdig leben und sterben, ohne Ausbeutung und ohne ausgebeutet zu werden. Genug eigenes gemeinschaftliches Land zur direkten Versorgung mit genügend Lebensmitteln und zum Leben notwendigen Rohstoffen, keine Fremdbestimmung, keine Entfremdung."

Mit zwanzig hatte er kurz vor der Maturaprüfung das Gymnasium verlassen – zum Erstaunen aller. Er war ein ausgezeichneter Schüler, der gerne zur Schule ging, war gewissenhaft, war beliebt bei allen, hilfsbereit und reifer als Gleichaltrige. Viele hatten ihn bewundert, weil er unerschrocken war und sich jeweils fundiert geäussert hatte, wenn ihm etwas nicht passte. Die gängige Formel ‚Matura-Studium-Elitebildung-Machtträger in Staat und Wirtschaft' kam für ihn nicht infrage. Auch wenn er sich nach Aussen cool gab, kam nie zum Vorschein, dass er innerlich gelitten hatte an der Welt, an der Zerstörung der Umwelt, an den Bauten und Ausbauplänen der Energiewirtschaft. Er wollte sich engagieren gegen ‚den Wahnsinn der hochtechnisierten, umweltzerstörerischen Kräfte.' Beeinflusst auch durch das Buch des Clubs of Rome ‚Grenzen des Wachstums', erschienen 1972, den Vietnamkrieg und dem Wissen, dass 1971 vom Volk die Bundesverfassung ergänzt wurde mit dem Auftrag, dem Schutz der Umwelt mehr Beachtung zu schenken, kam er zur Überzeugung, in dieser Welt laufe einiges schief. Er fragte sich auch, ob sich dieses zerstörerische System reformieren lasse. Für ihn war es längst fünf vor Zwölf und die politische Opposition erreiche nichts, wissenschaftliche Erkenntnisse und politische Apelle würden nichts fruchten. Tatenlos wollte und konnte er nicht zusehen, demokratische Mittel waren für ihn nicht zielführend und deshalb war für ihn militanter Widerstand Pflicht.

Den Entscheid, die Mittelschule zu verlassen, hatte er vermutlich aus einem Gefühl der Antiautorität und des Anarchismus gefällt. Gegenüber Brandenberger äusserte er sich später so: „Ich habe gespürt, wie stark Karrieren von Konkurrenzdenken gesteuert sind. Das ging mir gegen den Strich. Ich wollte mich nicht mit anderen messen, nicht besser sein als andere. Dieses System habe ich abgelehnt, weil es zerstörerisch ist, Umwelt wie Menschen verachtend. Will ich Teil der Elite werden, Macht ausüben? Nein, sagte ich, denn dies würde mich zum Komplizen machen, zum Komplizen von Verhältnissen und Machtstrukturen, die ich nicht nur ablehne, sondern bekämpfen will."

Er glaubte nicht an den gewaltfreien Widerstand gegen die Elektrizitätswirtschaft. Für ihn war nur der ‚militante Kampf gegen die Zerstörung der Natur im Namen des Profits' sein Leitmotiv. Als der Widerstand gegen den Bau von Atomkraftwerken Ende der 1970er-Jahre zu einer Volksbewegung wurde, waren ihm die Gewaltfreien zu angepasst und er sah den Widerstand nur mit militanten Mitteln. Der Sprengstoffanschlag auf einen Strommast, verübt mit einem Komplizen, war dann eigentlich nur die konsequente Folge seines Widerstands gegen die Atom-Technologie.

Verraten durch einen Mitwisser wird Camenisch in der Folge zu zehn Jahren und sein Komplize, René Moser, zu sieben Jahren Zuchthaus verurteilt; zwei sehr drakonische Urteile, ohne Anerkennung umweltschützender Motive. Auch des Verteidigers Worte, hier handle es sich um junge Menschen mit Idealen, Ängsten, Enttäuschungen und Hoffnungen, fanden keine richterliche Beachtung. Auch der Hinweis auf Camenisch' Sensibilität, die es ihm verbot, seine Augen vor all den Ungerechtigkeiten zu verschliessen, wurden vom Richter nicht als strafmildernd taxiert.

René Moser wird nach Verbüssung von zwei Dritteln der Strafzeit aus der Haft entlassen. Er war zur Einsicht gelangt, dass Gewalt nicht das richtige Mittel sei, die Welt zu verändern. Ganz anders Marco Camenisch: Er war der Unbeugsame. Nach wie vor war er der Überzeugung, gegen die Umweltzerstörung der Elektrokonzerne und deren Unterstützung durch die Hochfinanz, die die Länder Afrikas, Asiens und Südamerikas ausbeuteten, sei Gewalt das probate Mittel.

Mit anderen Häftlingen gelang ihm die Flucht aus der Strafanstalt nach Italien und dort lebte er während zehn Jahren unerkannt und illegal. Von den dortigen Dorfbewohner wurde er als freundlich, humorvoll und hilfsbereit geschildert.

Corina Bernegger erhält aus diesem ersten Teil der Geschichte von Marco Camenisch genügend Informationen, um ein Profil von diesem politischen Überzeugungstäter darstellen zu können.

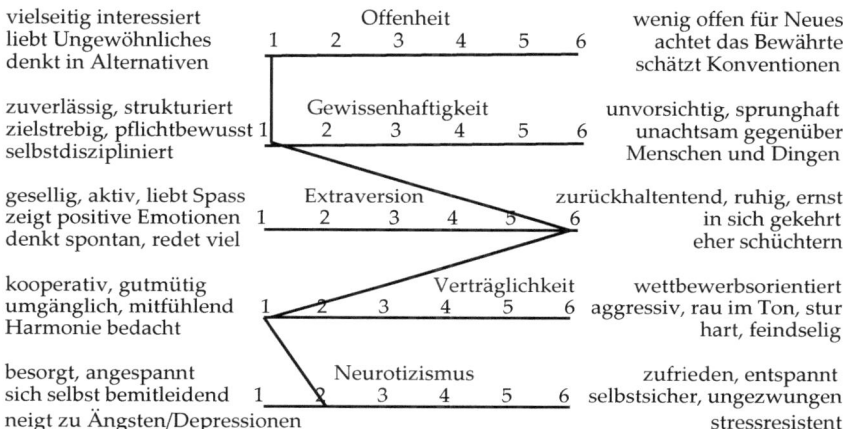

vielseitig interessiert liebt Ungewöhnliches denkt in Alternativen	Offenheit 1 2 3 4 5 6	wenig offen für Neues achtet das Bewährte schätzt Konventionen
zuverlässig, strukturiert zielstrebig, pflichtbewusst selbstdiszipliniert	Gewissenhaftigkeit 1 2 3 4 5 6	unvorsichtig, sprunghaft unachtsam gegenüber Menschen und Dingen
gesellig, aktiv, liebt Spass zeigt positive Emotionen denkt spontan, redet viel	Extraversion 1 2 3 4 5 6	zurückhaltentend, ruhig, ernst in sich gekehrt eher schüchtern
kooperativ, gutmütig umgänglich, mitfühlend Harmonie bedacht	Verträglichkeit 1 2 3 4 5 6	wettbewerbsorientiert aggressiv, rau im Ton, stur hart, feindselig
besorgt, angespannt sich selbst bemitleidend neigt zu Ängsten/Depressionen	Neurotizismus 1 2 3 4 5 6	zufrieden, entspannt selbstsicher, ungezwungen stressresistent

Die Radikalisierte

Alan Bernegger gräbt aus der hintersten Ecke der Truhe seines Grossvaters eine Kartonschachtel hervor. Diese ist beschriftet mit ‚Friday for Future' und Extinction Rebellion'. Zu seiner Tochter gewandt, fragt er: „Kannst du mit diesen beiden Begriffen etwas anfangen, Corina?",

„Noch nie gehört", war die lapidare Antwort seines Gegenübers, „aber ich werde das herausfinden......." und schon ist die Schachtel in Corinas Händen und schon ist sie in den ersten Artikel vertieft.

Die Protestbewegung Extinction Rebellion (Rebellion gegen das Aussterben; XR) störte 2019 weltweit den Alltag im öffentlichen Raum, um auf Artensterben und Klimakatastrophe aufmerksam zu machen.

Ihr Logo ist ein Sanduhrsymbol in einem Kreis. Dieser Kreis symbolisiert die Erde und die Uhr steht für die Zeit, die abläuft.

Dieses Logo symbolisiert die dramatischen Folgen der mensch-gemachten Klimakrise. Doch hier geht es längst nicht mehr "nur" ums Klima: Die Protagonisten befürchten den Kollaps des gesam-ten Ökosystems, der den Planeten unbewohnbar machen wird. Es drohe das Aussterben der ganzen Menschheit. Schon jetzt hat das Artensterben bei Tieren und Pflanzen ein erschreckendes Ausmaß angenommen.

Katharina Sedleger, eine Gymnasiastin mit entschlossen-trotzi-gem Blick erklärt: "Uns ist wichtig, dass über die Inhalte in der nötigen Radikalität diskutiert wird", erzählt sie einer Reporterin des lokalen Fernsehsenders. Wissenschaftliche Fakten sollen end-lich ernst genommen und danach gehandelt werden. ‚Sagt die Wahrheit!' fordert XR die Regierungen aller Länder.

"Wenn in den nächsten Monaten nichts passiert, ist die Zeit, et-was zu retten, nämlich vorbei", gibt sich die junge Engagierte überzeugt. Politisch sensibilisiert wurde sie am Familientisch ih-res FDP-Haushalts. Ihre Mutter ist Gemeinderätin und politische Diskussionen gehören zum täglichen Tischgespräch. Vertieftes Interesse an ökologischen Fragen wurde bei ihr durch ihre Nach-barin, die Soziologie studiert, geweckt. Die Argumente dieser Studentin waren für sie so überzeugend, dass Katharina vorerst als eine der lokalen Promotorinnen von Fridays for Future wurde.

Wie ticken diese Klimaaktivisten? Wer sind die Menschen, die fürs Klima demonstrieren? Was motiviert sie? Sie sind Anhänger einer globalen Bewegung und fordern von der Politik die Einhaltung des Pariser Klimaabkommens. Sie argumentieren sachlich und treten friedlich auf. Ihr Ungehorsam äußert sich bislang einzig im Schulschwänzen. Was genau haben die Demonstrierenden, die unter dem Motto Fridays for Future (FfF) auf die Straße gehen, eigentlich sonst noch gemeinsam? Woran glauben sie, in was setzen sie ihre Hoffnung?

„ Über unseren ersten, weltweiten Protesttag der Bewegung, der rund 1,7 Millionen Menschen weltweit mobilisierte, wurden Demonstrierende in 13 europäischen Städten befragt", erklärt Katharina. Die Ergebnisse der Studie zeigen teilweise Überraschendes. So handelt es sich bei den Protestierenden, vor allem in Hinblick auf ihr Alter und ihre Motive, um eine relativ heterogene Gruppe: Zwischen den Altersgruppen und in den unterschiedlichen Ländern variiert etwa der Grad an Hoffnung in die Politik stark. Fest steht: Keine andere Bewegung konnte je so viele junge, bis dahin nicht politisch aktive Menschen auf einmal in Bewegung setzen (befragt wurde ab 14 Jahren). Für Medien und Wissenschaft Grund genug, um von einer neuen Protestgeneration zu sprechen.

Social Media stellt mit Abstand den wichtigsten Informationskanal für alle Protestierenden dar.

Keine reine Jugendbewegung: Bei Fridays for Future nehmen Demonstrierende aller Altersgruppen teil. Foto: APA

Die Teilnahme an den Protesten bot für einen Großteil der Schülerinnen und Schüler die erste Möglichkeit, sich politisch zu engagieren. Sie waren zuvor kaum im herkömmlichen Sinne politisch aktiv, was aber nicht heißt, dass sie desinteressiert waren – viele durften einfach noch nicht wählen. Die Forderung von FfF ist klar: Der Protest richtet sich explizit an politische Entscheidungsträger. Diese sollen die globale Erwärmung auf 1,5 Grad beschränken. Doch das Vertrauen in Regierungen und Unternehmen, die Klimakrise noch eindämmen zu können, ist unter Aktivistinnen und Aktivisten sehr gering.

Diese Protestform der Schülerinnen und Schüler waren Katharina aber zu wenig fordernd und somit zu wenig radikal. Deshalb schloss sie sich der aus England stammenden Extinction Rebellion an und wurde an ihrem Wohnort zu einer ihrer Wortführerinnen.

Eine der Forderungen ist die Abschaffung der existierenden parlamentarischen Strukturen. Diese haben versagt und deshalb sollen sie durch Bürgerversammlungen ersetzt werden. Wenn diese Zusammenkünfte die gleichen Informationen wie die Regierung besässen, dann würden diese die besseren Entscheidungen für das Allgemeinwohl treffen können. Hauptgrund: Teilnehmende dieser Versammlungen müssten nämlich nicht wieder gewählt werden und könnten längerfristig denken und handeln.

Foto: Extinction Rebellion Austria (Die-In)

Katharina erklärt: „Wir Aktivistinnen und Aktivisten von XR setzen auf zivilen und gewaltfreien Ungehorsam der Massen. Was in den 60er-Jahren des 20. Jahrhunderts das Sit-In war, ist heute das Die-In: Aktivistinnen und Aktivisten legen sich auf die Straße und sterben symbolisch. In London, der Geburtsstadt der Bewegung, wurden bei den ersten Aktionen 2018 die fünf wichtigsten Brücken über die Themse besetzt und der öffentliche Verkehr zeitweise lahmgelegt. Hier in der Schweiz hatten wir die Limmat medienwirksam giftgrün eingefärbt."

Foto: Extinction Rebellion Zürich

Die Farbe, die verwendet wurde, war ungefährliches Uranin, vergleichbar mit Speisesalz.

"Mit unserem Protest wollen wir Menschen ansprechen, die mit zivilem Ungehorsam bis dahin nichts am Hut hatten. Wir zielen mit unserem Protest weniger auf Firmen, sondern wir wollen die Öffentlichkeit zum Nachdenken zwingen. Wir sind uns auch bewusst, dass unsere Methode kontrovers ist. Wenn man den normalen Ablauf des Alltags stört, dann nervt das viele Menschen. Es erzeugt aber auch die nötige Aufmerksamkeit."

Vorbild von XR ist Mahatma Gandhi und sein erfolgreicher Unabhängigkeitskampf ohne Gewalt. Die englischen Gründer der Bewegung halten die Strategie der friedlichen Störung für die moralischste und auch wirkungsvollste, um radikale Umstürze zu erwirken. Besonders wichtig für den Erfolg dieser Protestbewegung ist die Unterstützung aus der akademischen Welt. In offenen Briefen an die britische Regierung bekundeten hunderte Wissenschaftler und Persönlichkeiten aus dem öffentlichen Leben ihre Unterstützung für die Bewegung.

Als erstes erklärte Extinction Rebellion den Klimanotstand, um die Politik zum Handeln aufzufordern, und zwar sofort. Denn das zweite Ziel sei bereits 2025: Der CO_2-Austoss ist auf Netto Null zu senken. Drittens fordern sie Bürgerversammlungen, die überwachten, ob die Klimaziele erreicht würden.

Extinction Rebellion geht weiter, als die Schülerinnen und Schüler, die freitags die Schule schwänzten. Vertreter von XR tauschen sich mit der Klimajugend Fridays for Future aus und machen punktuell auch gemeinsame Sache.

Die Ziele sind im Grundsatz dieselben. Extinction Rebellion hat einfach eine andere Taktik, indem sie mit Störaktionen agieren. Oberstes Gebot sei dabei aber immer, ohne Gewalt zu handeln.

Zur schnellen Verbreitung der Bewegung hat sicher das Internet beigetragen, doch ebenso wichtig war die Struktur der Bewegung.

Eine offizielle Mitgliedschaft bei Extinction Rebellion gibt es nicht. Es ist deshalb schwierig abzuschätzen, wie viele von sich sagen, dabei zu sein. Katharina schätzt, dass die Bewegung in fast 60 Ländern vertreten sei.

Voller Enthusiasmus macht sich Corina an die Darstellung des Profils von Katharina Sedleger, dieser aussergewöhnlichen, jungen Frau.

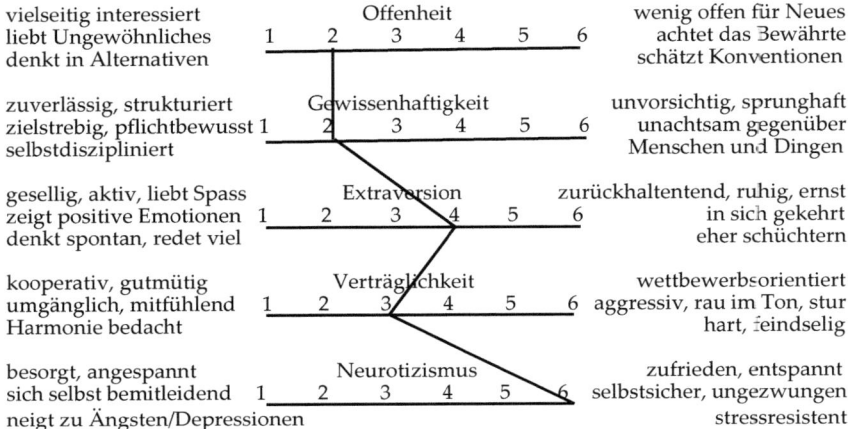

vielseitig interessiert liebt Ungewöhnliches denkt in Alternativen	Offenheit 1 2 3 4 5 6	wenig offen für Neues achtet das Bewährte schätzt Konventionen

vielseitig interessiert   Offenheit   wenig offen für Neues
liebt Ungewöhnliches   1   2   3   4   5   6   achtet das Bewährte
denkt in Alternativen   schätzt Konventionen

zuverlässig, strukturiert   Gewissenhaftigkeit   unvorsichtig, sprunghaft
zielstrebig, pflichtbewusst 1   2   3   4   5   6   unachtsam gegenüber
selbstdiszipliniert   Menschen und Dingen

gesellig, aktiv, liebt Spass   Extraversion   zurückhaltentend, ruhig, ernst
zeigt positive Emotionen 1   2   3   4   5   6   in sich gekehrt
denkt spontan, redet viel   eher schüchtern

kooperativ, gutmütig   Verträglichkeit   wettbewerbsorientiert
umgänglich, mitfühlend 1   2   3   4   5   6   aggressiv, rau im Ton, stur
Harmonie bedacht   hart, feindselig

besorgt, angespannt   Neurotizismus   zufrieden, entspannt
sich selbst bemitleidend 1   2   3   4   5   6   selbstsicher, ungezwungen
neigt zu Ängsten/Depressionen   stressresistent

Die Grün-Liberale

Eines der Bücher, die Corinas Urgrossvater offenbar nicht mehr bearbeiten konnte, war das Buch ‚Grün bewegt'. Die von Rudolf Bernegger darin vorgenommen Anmerkungen im Kapitel ‚Leni Robert' zeigen aber, dass er offenbar vom Lebenslauf dieser Frau beeindruckt war und ihre Lebensgeschichte in seinen Roman einbeziehen wollte. Corina lässt sich von den Notizen motivieren und vertieft sich in das geschilderte politische Leben dieser Frau.

Leni Robert, geboren 1936, war erste grüne Regierungsrätin der Schweiz. Politisch-ökologisch sensibilisiert durch ihren Vater, der FDP-Nationalrat und Präsident des damaligen Schweizerischen Bundes für Naturschutz (später Pro Natura) war. Eingetreten ist sie in die FDP der Stadt Bern Ende der 1960er Jahre. Diese Partei hatte schon damals ein Umweltprogramm, das Leni überzeugte. 1970 wurde sie als eine der Frauen der ersten Stunde ins Berner Stadtparlament gewählt. In der Folge gründete sie mit Mitstreiterinnen und Mitstreitern den parteiübergreifenden Verein ‚Bern bleibt grün'. Dieser setzte sich für vermehrte Grünflächen und gegen überrissene Bau- und Verkehrsvorlagen ein. Dieses Engagement führte zu Spannungen mit ihrer Partei. Zwischenzeitlich Grossrätin geworden, setzte sie sich auch für ihr sinnvoll scheinende Anliegen der SP ein, bekundete Sympathien für die ‚bewegte' Jugend, was ihr unabhängiges Denken und Politisieren zeigte. Konflikte mit ihrer Partei blieben nicht aus und deshalb trat sie anfangs der 1980er Jahr aus der FDP aus.

Anfänglich politisierte sie als Parteilose im Berner Grossrat. Ihrem Beispiel folgend traten weitere liberal-ökologisch denkende FDP-Mitglieder aus der Partei aus. Aus diesen Austritten – und weiteren Sympathisanten - entstand im Hinblick auf die anstehenden Nationalratswahlen eine ökologisch-liberale Bewegung, die sich ‚Freie Liste' nannte. Auf dieser Liste standen Namen von Umweltschützern und Kulturschaffenden und weiteren Personen mit einem breiten beruflichen Hintergrund. In einem Wahlkampf, in dem die Listenmitglieder selber intensiv Basisarbeit leisteten, wurde überraschenderweise ein Sitz errungen, den Leni Robert dank ihrem Bekanntheitsgrad mit den meisten Stimmen erhalten hat.

Im traditionsreichen Kanton Bern, wo sich seit Generationen die SVP, die FDP und die SP die politische Macht nach dem Motto ‚L'état c'est nous' unter sich quasi aufteilten, ereignete sich einige Jahre später Ungeheuerliches. Schwarze Kassen wurden durch einen Finanzrevisor aufgedeckt und die Quittung für die etablierten Parteien folgte bei den anschliessenden Kantonswahlen: Dieser Finanzskandal kostete dem Freisinn ihre beiden Regierungssitze, die sie seit Jahren innehatten. An deren Stelle wurden zwei Mitglieder der Freien Liste gewählt, Leni Robert und ihr Mitstreiter Benjamin Hofstetter, die es in einem engagierten Wahlkampf fertig brachten, die bürgerliche Mehrheit in diesem Gremium zu brechen. Damit wurde Leini Robert erste grüne Regierungsrätin der Schweiz.

Vier Jahre später folgte jedoch die politische Retourkutsche. Taktisch erfolgreich brachten die FDP und die SVP es zustande, die Zahl der Regierungssitze von sieben auf fünf zu reduzieren. Die darauf folgenden Gesamterneuerungswahlen zeitigten die alten bernischen Zustände: Eine komfortable bürgerlich Mehrheit mit je 2 Regierungssitzen für die FDP und die SVP sowie ein Sitz für die SP. Leni Robert, die politisch Hartnäckige, kandidierte nach dieser – absehbaren – Niederlage ein zweites Mal für den Nationalrat und wurde auch gewählt. Dieses Amt brachte es mit sich, dass sie – bedingt auch durch die neue relative Stärke der Grünen im Jahr 1991 – ein Anrecht auf einen Sitz im Europarat hatten und sie erste aktive Grüne in diesem europäischen Gremium wurde.

Leni Robert war neben ihrem direkten politischen Engagement auch aktiv in Gleichstellungsfragen und war Vorstandsmitglied der Frauenzentrale des Kantons Bern. 1984 erhielt sie den Preis des Schweizerischen Verbands für Frauenrechte. Für die Jugend entwickelte sie als jung verwitwete und Alleinerziehende ein besonderes Sensorium und präsidierte die Stiftung Kinderdorf Pestalozzi.

Beeindruckt vom Lebenslauf dieser Frau und ihrem 30-jährigen politischen Engagement erstellt Corina nachstehend Leni Roberts Profil.

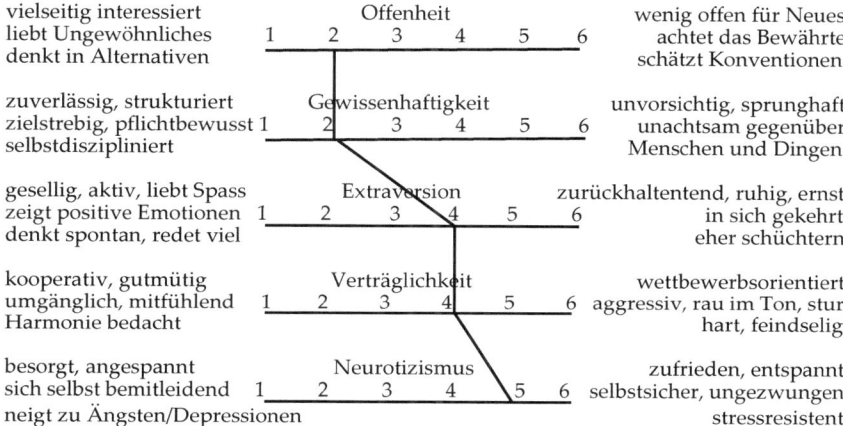

| vielseitig interessiert
liebt Ungewöhnliches
denkt in Alternativen | Offenheit
1   2   3   4   5   6 | wenig offen für Neues
achtet das Bewährte
schätzt Konventionen |

vielseitig interessiert   Offenheit   wenig offen für Neues
liebt Ungewöhnliches   1   2   3   4   5   6   achtet das Bewährte
denkt in Alternativen   schätzt Konventionen

zuverlässig, strukturiert   Gewissenhaftigkeit   unvorsichtig, sprunghaft
zielstrebig, pflichtbewusst   1   2   3   4   5   6   unachtsam gegenüber
selbstdiszipliniert   Menschen und Dingen

gesellig, aktiv, liebt Spass   Extraversion   zurückhaltentend, ruhig, ernst
zeigt positive Emotionen   1   2   3   4   5   6   in sich gekehrt
denkt spontan, redet viel   eher schüchtern

kooperativ, gutmütig   Verträglichkeit   wettbewerbsorientiert
umgänglich, mitfühlend   1   2   3   4   5   6   aggressiv, rau im Ton, stur
Harmonie bedacht   hart, feindselig

besorgt, angespannt   Neurotizismus   zufrieden, entspannt
sich selbst bemitleidend   1   2   3   4   5   6   selbstsicher, ungezwungen
neigt zu Ängsten/Depressionen   stressresistent

Der Wald-Pionier

Ein letztes Buch übergibt Alan Bernegger seiner Tochter mit den Worten: „Hier noch eine spezielle Lebensgeschichte, liebe Corina. Ich wünsche dir viel Freude beim Lesen und bestimmt wirst du das Charakterprofil dieses aussergewöhnlichen Mannes treffend beschreiben."

Erst zum hundertsten Todestag von Johann Wilhelm Fortunat Coaz wurde dessen Lebensgeschichte in einer Jubiläumsausgabe durch das Amt für Wald und Naturgefahren (Kanton Graubünden) publik gemacht. Redaktor: Sandro Krättli. Coaz legte Grundsteine der modernen Forstwirtschaft. Die Forstgesetzgebung und deren Umsetzung im neunzehnten Jahrhundert hatte er stark geprägt.

Corina Bernegger ist beeindruckt von diesem vielfältig Talentierten. Dem Wesen nach unscheinbar, aber sein Wirken zeitigte allseits anerkannte Früchte. Er wusste, was er wollte und kämpfte auch gegen eisigen Gegenwird. Gleichgültigkeit, Rücksichtlosigkeit dem Wald gegenüber, Übernutzung und sinnlose Holz-Verbrennung prangerte er an. Er war Gestalter und Pionier des neunzehnten Jahrhunderts. Seine hohe Beobachtungsgabe und seine Erfahrung als Bergsteiger nutzte er, indem er sich beteiligte am Kartographieren der Dufourkarte. Und vor allem war er auch Ausbildner. Er bildete die ersten Forstleute aus, organisierte den Bündner Forstdienst und schuf so einen neuen Berufsstand, den Förster.

Doch Enttäuschungen blieben nicht aus. So verliess er den Bündner Forstdienst wegen waldfeindlichem Klima und zu geringer Wertschätzung. Seine Forsterfahrungen waren zwischenzeitlich aber national bekanntgeworden und deshalb erhielt er eine Berufung zum ersten eidgenössischen Oberforstinspektor der Schweiz. In dieser Funktion initiierte er eine nachhaltige Entwicklung der Schweizer Wälder und war zusammen mit Elias Landolt geistiger Vater des ersten eidgenössischen Forstgesetzes und des Polizeiforstgesetzes, das den Grundsatz der Nachhaltigkeit stipulierte; dieses setzte er als Oberforstinspektor selbst um.

Gemäss diesem Gesetz darf nur der Zinsertrag, das nachwachsende Holz, genutzt werden und das Kapital – der Holzbestand - muss unangetastet bleiben. Eine langfristig angelegte Holznutzung wurde umgesetzt, Aufforstungen durchgeführt und technische Massnahmen zum Schutz der Bevölkerung realisiert. Erste Lawinenverbauungen waren zu seiner Zeit absolutes Neuland.

Sein interdisziplinäres und fachliches Wirken führten zu weiteren Pionierleistungen: Erstbesteigungen, wie den höchsten Bündner Berg, die Bernina, Gletschervermessungen, Lawinenprävention und Wiederbesiedlungen verschiedener Pflanzen- und Tierarten. Und eine weitere Erfolgsgeschichte ist sein erfolgreiches Engagement für einen Nationalpark. Eine ganz besondere Aufgabe erfüllte er während des Sonderbundkriegs 1848: Er war Sekretär von General Dufour.

Coaz war in seinem Handeln sehr zielgerichtet, beharrlich, sehr überzeugungsfähig, nutzte sein breites Beziehungsnetz und war bestimmt im Auftreten. Sein Durchsetzungsvermögen war oft auch nötig, wenn es darum ging, Behörden und Bevölkerung zum Umdenken von der Waldausbeutung zur Waldpflege zu bewegen.

Corina attestiert diesem Naturschützer der ersten Stunde weitere Charaktereigenschaften wie Integrität, Bescheidenheit, Fachkompetenz, Geduld, Ausdauer, Hartnäckigkeit, Neugierde.

Sie zeichnet das Profil dieses vielseitig Talentierten wie folgt:

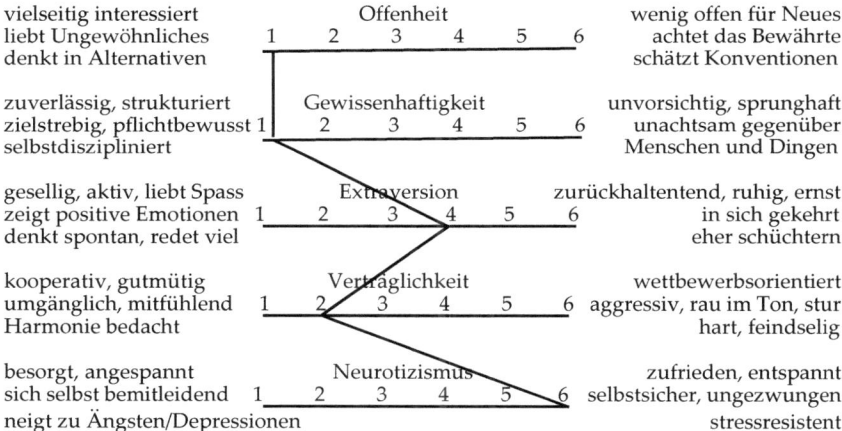

Zusammenfassung der Persönlichkeitsprofile ökologisch Engagierter.

Die Ausprägungen der einzelnen Elelmente, die auf dem in der Psychologie anerkannten Big-Five-Modell beruhen, zeigen mehrheitlich eindeutige Einordnungen auf der Skala von 1 bis 6. Dies betrifft die Elementen Offenheit, Gewissenhaftigkeit, Extraversion und Neurotizismus. Einzig beim Element Verträglichkeit sind die Werte über die ganze Skala verteilt. In Worten bedeutet dies: Die Charaktereigenschaften der beschriebenen Personen reichen von kooperativ, gutmütig, umgänglich, mitfühlend, Harmonie bedacht bis wettbewerbsorientiert, aggressiv, rau im Ton, stur, hart, feindselig.

Die Zusammenfassung zeigt beim Merkmal Offenheit, dass ökologisch Orientierte vielseitig engagiert sind, Ungewöhnliches lieben und in Alternativen denken. Analoges gilt beim Merkmal Gewissenhaftigkeit: die beschriebenen Personen sind zuverlässig, strukturiert, zielstrebig, pflichtbewusst und selbstdiszipliniert. Bei der Extraversion ist das Spektrum breit, aber die meisten sind zurückhaltend, ruhig, ernst, in sich gekehrt und eher schüchtern. Das letzte Element Neurotizismus zeigt einen klaren Schwerpunkt bei Zufriedenheit, Entspanntheit, Selbstsicherheit, Ungezwungenheit und Stressresistenz.

Literatur

Akeret Erwin; Erlebtes Parlament; Huber Verlag; 1984

Baumann Werner; Dr. jur. Erwin Akeret; Zürcher Taschenbuch 1989, Jahrgang 109, Seiten 261-266

Brandenberger Kurt; Marco Camenisch; Echtzeit Verlag; 2015

Krättli Sandro; Amt für Wald und Naturgefahren (Kanton Graubünden),Jubiläumsausgabe Jahrgang 71; Coaz, Pionier seiner Zeit; Somedia Buchverlag; 2018

Schaffner Hans Beat; Grün bewegt; Chronos Verlag; 2003

Steiner Dieter; Die Universität der Wildnis; Oekom Verlag; 2011

Der Autor

Richard Bisig ist Betriebswirtschaftler mit Promotion. Er war in einem Bezirksspital tätig als Spitalverwalter/Verwaltungsdirektor und als Finanzchef in einer kantonalen Gesundheitsdirektion. Nach einer Tätigkeit als Seniorberater bei Ernst & Young machte er sich als Unternehmensberater selbständig und übernahm mehrere interimistische Aufgaben wie beispielsweise als Klinikmanager, Departementsmanager und als Direktor Dienste in einem Universitätsspital. Im Weiteren übernahm er als Spitaldirektor in mehreren Spitälern die operative Leitung. Neben diesen operativen Leitungsaufgaben war er auch auf strategischer Spitalleitungsebene als Spitalrat und Spitalratspräsident engagiert. In der Privatwirtschaft übernahm er als Verwaltungsratspräsident in einer familieneigenen KMU-Firma und einer Härterei in der metallverarbeitenden Industrie strategische Führungsaufgaben. Daneben war er Dozent an einer Fachhochschule.

Politisch war er aktiv als Mitinitiant zur Gründung der Grünen Partei des Kantons Zürich im Jahre 1978 und als Kantonsrat von 1983 bis 1991. Daneben war er während rund fünf Jahren an seinem Wohnort Gemeinderat (Exekutive).

Dankeswort

Prof. Dr. Dieter Steiner danke ich für das kritische Durchlesen und seine präzisierenden Ergänzungen des Kapitels über John Muir. Analoges gilt für Sandro Krättli: ich danke ihm für seine klärenden Hinweise zum Lebenslauf von Johann Coaz.

Frau Claudine Fehr, grafikZUMGLÜCK, danke ich für ihre Cover-Kreation und die Gestaltung des für das Marketing wichtigen Flyers.

Dielsdorf, 1. August 2020   Richard Bisig

Vom gleichen Autor:

Richard Bisig bringt in Versform seine Gedanken zum Klimawandel zu Papier. Kritisch und unterstützt durch Bilder und Karikaturen setzt er sich mit sehr vielen Aspekten dieses aktuellen gesellschaftspolitischen Themas auseinander.

137 Seiten – broschiert – Fr. 17.90

2019 Herstellung und Verlag: BoD – Books on Demand, Norderstedt

ISBN 978-3-7494-4570-7

Richard Bisig

Die Spitalschliesser

Ein regionalpolitischer Entscheidungsprozess
mit Widerständen

Roman

In diesem Roman erzählt Richard Bisig die Geschichte eines Regionalspitals im Spannungsfeld von Zahlen und Planungen, Interessen und Emotionen, Tradition und Aufbruch.

174 Seiten – broschiert –
Fr. 29.90

2018 allerArt im Versus-Verlag AG, Zürich

ISBN 978-3-909066-15-5

Richard Bisig erzählt in diesem Roman die Lebensgeschichte zweier Brüder, die gemeinsam eine Firmengruppe aufbauen. Was sich in ihrem Familienunternehmen abspielt, kann beispielhaft für die Situation in kleinen und mittlerern Unternehmen (KMU) stehen und zeigt allen KMU-Eignern und weiteren Interessierten eine grosse Palette von Spannungsfeldern auf.

128 Seiten – broschiert - Fr. 22.-

2017 allerArt im Versus-Verlag AG, Zürich